［金东丛书］
金东区文化基因解码工程重点课题

金华市金东区
考古文物精品图文集

蒋金治　董　荼◎编著

文物出版社

图书在版编目（CIP）数据

金华市金东区考古文物精品图文集 / 蒋金治，董荼
编著 . -- 北京 ：文物出版社，2023.3
    ISBN 978-7-5010-7100-5

    Ⅰ．①金… Ⅱ．①蒋… ②董… Ⅲ．①文物－考古－
研究－金华 Ⅳ．① K872.553

    中国版本图书馆 CIP 数据核字 (2021) 第 112723 号

金华市金东区考古文物精品图文集

编　　著　蒋金治　董　荼

责任编辑　贾东营
责任印制　王　芳
装帧设计　王利锋

出版发行　文物出版社
社　　址　北京市东城区东直门内北小街 2 号楼
邮政编码　100007
网　　址　http://www.wenwu.com
经　　销　新华书店
制版印刷　天津和萱印刷有限公司
开　　本　889mm×1194mm　1/16
印　　张　19.25
版　　次　2023 年 3 月第 1 版
印　　次　2023 年 3 月第 1 次印刷
书　　号　ISBN 978-7-5010-7100-5
定　　价　398.00 元

《金华市金东区考古文物精品图文集》
编 委 会

编　　　著：蒋金治　堇　荼

资 料 整 理：陈小雪　颜天华　郎亚红　金　凌
校　　　对：钱银屏　郑莉莉　胡　彬　周铖涛
摄　　　影：杜响玲　陈小雪　何　巍　杨卫明
　　　　　　俞剑勤　蒋金治
绘　　　图：陈小雪　杜响玲
拓　　　片：俞剑勤　蒋金治
封 底 篆 刻：汤彬斌

研究与执笔：蒋金治"婺州古城"研究工作室

金东区文化和旅游局

Preface

前　言

　　金东于 2001 年建区，其前身是金华县，如果从汉献帝初平三年（192 年）有长山县建置算起，也已有 1800 多年的历史了。1800 多年来，这块土地和生活在这块土地上的人民一直与时代的脉搏同频跳动，创造了光辉灿烂的历史文化，而考古发掘成果是对金东历史文化最有力的实证。

　　出版这本图集是几代金东考古人的心愿。一件件文物，一张张图片，都是我们在与古人对话。略感遗憾的是，由于行政区划的不断变动和收藏条件的限制，本书中的大部分物品都已被征集收藏在上级文物管理部门和收藏机构，我们将其梳理记录下来，是为了立此存照。历史信息的保存，文脉的传承，需要一代代人的接续努力。

　　在此世界百年未有之大变局的历史时刻，金东也迈入了跨越式发展的新时代。新一代的金东人必将不负祖先、不负后人，奋力书写出无愧于历史的时代新画卷。百年千年之后，子孙们回望我们，希望也是一卷卷令人骄傲的图集。

　　由于资料欠缺，时间仓促，本书的差错和疏漏在所难免，文责自负，亦敬请方家法正。

董　荼

2022 年 7 月 1 日

Contents

目 录

上 卷

三国 | The Three Kingdoms　71

两晋 | The Tsin Dynasty　75

南北朝 | Southern and Northern Dynasties　89

隋唐 | The Sui and Tang Dynasty　95

两宋 | Song Dynasty　123

元代 | Yuan Dynasty　159

明代 | Ming Dynasty　161

清代 | Qing Dynasty　176

下 卷

上卷

P A R T ①

一　金东区文物考古综述

金东区位于浙江省金华市中西部，东经 119°39′—119°57′，北纬 28°59′—29°19′之间，距金华市政府驻地 3.6 千米，面积 661.8 平方千米。因地处金华城区之东，故名金东区。

拥有两千多年历史的金东区，在生态与文明方面呈现山水与人文交融之态。地处武义江、东阳江两江争流之地的金东，被社会各界盛誉为"双溪之源""鱼米之乡"。当地气候怡人、水源充足、草木茂盛，金东的历史文明就是从这片肥沃的土地上起步。

汉晋唐宋元明清，金东地下文物极为丰富。在保护和抢救文物的前提下，当地坚持"保护第一、加强管理、挖掘价值、有效利用、让文物活起来"新时代的文物工作方针。综合文化和旅游发展规划以及社会和谐持续发展，金东文物考古工作从多方面拓展了现实意义和历史意义。

本书上卷回顾了近半个世纪以来金东区文物考古重要的发现与成果，为研究金东地域内的社会经济、历史文化提供了极其宝贵的实物资料。

金东区历史悠久、文化灿烂，是国家级历史文化名城金华的核心组成部分，是世界稻作农业的发祥地之一，是长江下游人类文明的源头之一。

早在数亿年前，恐龙身影就曾出现在金东大地上，近年来金东境内出土的恐龙蛋化石及伴生的硅化木树石等动植物化石，展现了金东在远古时期的自然风貌。

进入人类文明时代，距今万年前的上山人成为金东早期居民之一，人们在这片土地上从事农耕、渔猎、饲养、纺织、建筑、制陶，揭开了金东人类文明的篇章。春秋战国时代，金东大地上最引人注目的是在今东阳江镇金浦村及金东区东孝一带走廊地区生活的古越人（姑蔑）等原居民。《吴越春秋》载"少康恐禹之绝祀，乃封其庶子于越"，越人在金东大地上过着"断发文身"的生活，火耕水耨，民性刚强，勇于拓展。

秦帝国收取南方后，在当地推行郡县制。秦王嬴政二十五年（公元前 222 年）建乌伤（金华）县，这是金衢盆地上最早出现的行政建制；印纹陶、青铜工具（兵器）、稻作、拓荒与耕耘是那个时代金东先民突出的文化符号。

秦汉更替后，刘邦于公元前 202 年建立了汉朝。汉初金东随着大规模的治水、筑堰、屯田耕作和北人南迁带来的先进技术而发生了根本性的改观。根据记载，汉文帝时会稽郡西部都尉治于钱唐，金东便在其治境之内。东汉初平三年（192年），分乌伤县立长山县，迁设西部都尉司署，辖今婺城区、金东区等地全境，金华的政治军事中心至此由原先的义乌境内转移到今天金华市区范围内。金华子城也在这一时期开始构筑，子城呈正方形依地形而建，坐北朝南，占地面积约0.37平方千米，周约2千米，始建城址高度不超过10米，城垣设有东、南、西、北四座城门。

按《中国历史地图集》显示，在三国两晋时期、东晋十六国南北朝时期和隋、唐、五代十国、两宋时期，历史上长山、东阳郡、婺州治所均在金东区境内，以此也证实了历史上金华府古城的治理范围。

三国吴宝鼎元年（226年）置东阳郡，南朝时改名金华郡，郡治长山，《道光金华县志》载"长山倚郡，远自孙吴，不闻别自建城"。南朝齐隆昌元年（494年）婺州太守沈约登八咏楼诗云"路带若溪右，涧吐金华东，万仞倒危石，百丈注悬丛，挈曳泻流电，奔飞似白虹"，证实了当时金东境内区位环境为临风佳地、依城傍水、远山环绕、空旷轩爽。根据这些记载，金东自彼时其便有了亚热带季风气候的典型特征，有"咽喉剧道，水陆要津"之称。

故自六朝以来，金华（金东）号为东南"山水名郡"，有"江南邹鲁""文物之邦"美誉。金东人在"浙学"儒文化的浸润中，承古越先民勤耕织读重教的传统，"以进士起家""始辟家塾，延名士，以训子孙"。经世致用"营其地而居之，浚其塘至百余亩，以尽有其四旁之壤"，乡贤民生礼乐善业"自田间间积勤服业以起其家""且耕且学"绵延数百年。金华对外商旅往来在这一历史时期相当频繁"道上往来者，装赍类逢掖，辄延致之。偶得胜士，馆饩款绎，连日夜不厌"，发展出令人瞩目的百工与商贸文化。

金东区遗存在地下的文物相当丰富，这一点已为半个多世纪以来的金东文物考古所证实。中华人民共和国成立以来，为配合农田化改造、兴修水利、河道疏理、民宅基建等项目，金东当地进行过百余次的清理古墓葬、窑址等发掘工作，出土了陶瓷、青铜、金银、玉石、古钱币等方面的许多精湛文物和文化标本。

1954年开始，金东当地文物考古工作主要由原金华县文管会组织。20世纪60

左上：2021年12月金东区文旅局局长方伟红（左）在金东金华理工学院考古工地。

下：2021年至2022年1月，金东区为配合金华理工学院建设项目，由浙江省文物考古所对该地块进行地下考古发掘。图为金东文旅局在考古现场。

年代后，县文教局（文化馆）负责其工作，并在省、地的文化文物工作者的共同协调下，金华（金东）的文物考古事业有所发展，20世纪70年代成立简易考古工作队。2000年12月20日，金华县撤销，东部行政区域划归金东区，金东区考古工作就此进入新时代。

金东是年轻的，也是古老的，丰富的考古文化揭示了金东区域内丰富的历史人文积淀。

1971年，金东曹宅在"农业学大寨"兴建水库过程中，发现一枚宋代铜镜。1973年，下余村在盖房取土时发现汉代古墓葬，考古工作者闻讯后正式开展有组织规范清理一座汉朝墓，编号金东M1，出土印纹陶罐、瓷注、铜镜等，为金东考古揭开了有记录史的序幕。

随后，一批汉墓陆续在此被发现，出土众多珍贵的文物，更证明了金华子城起始问题，其中，1974年至1975年间清理两汉时期古墓葬20余座，出土数十件文物和青铜器、漆木制品、陶瓷器等。在西汉土坑墓中发现的"胡口堂印""口通之丞"残铜章，为两汉时期的文化生活提供了可靠依据，弥补史料的不足，也证明了乌伤、太末至长山政治中心的建制转移过程。

金东境内出土的一批有价值文物陆续被评定为国家一、二、三级文物。从20世纪70年代到90年代初，金东境内陆续报告了众多新的文化遗存发现。金华市文物管理部门对东关至金东、周村一带汉晋古墓进行抢救性清理发掘。经勘察，发现汉晋时古圹多处于丘陵低缓坡及临城较近的岗阜平墩之上，墓室砖与砖木结构有竖穴土坑墓、木椁墓和砖室以及大块乱石、鹅卵石墓，其砖多系有纹饰的花纹砖即绳纹、"米"字纹、大钱纹和小钱纹，有几何、动物、人面图案。墓室形制分为长方形、刀形、亚形、凸形、L或偏正方形状等，还在室内加封白膏泥或防潮的木炭、石灰以及排水砂、陶水管等设施。当时，墓中出土文物数量因被盗等原因而无定论，其中1974年一墓中出土长剑三把，可惜当时条件无法保存。

1982年，金华东关界发现2座东汉古墓，内含青铜器类型较丰富。如M1青铜器约10件和陶类8件，M2仅存2件铜器。铜器有博山炉、镳斗、壶、樽、釜、甑、钱币等。陶器有瓮、碗、盘、壶等，器表装饰以弦纹为主及部分模印兽面纹、

2021 年 4 月初，金东区某考古工地。

叶脉纹饰。

1998 年，金东考古史上有了重大收获。在马岭背山坡地因埋设管道时，发现一批散落四周的米字钱纹饰大砖，于是在此地进行七天严格考古发掘。经清理，该墓年代为东汉时期，呈凸字型双甬道双圹砖室，出土了特大器物印纹陶罍、罐 3 件，一组大小弦纹盘口壶 7 件及眉砚等，其中部分"婺州窑"代表作品为以往罕见。

2013 年至 2020 年间，浙江省文物考古研究所也曾多次参与发掘省重点工程（金东段），并邀金东文物监察大队参与考古工作，出土一批珍贵文物，是研究金东与婺州古城相关不可多得的实物资料。

金东区域在唐宋间遵循婺学文化理念，且基本延续了汉晋砖室墓形制。当时长方形砖室成了主流，随着时间的推移，双室及棺椁工艺中出现细节上的变化。如虽空间占据狭小，但随葬品却很丰富。明器均以婺州窑瓷为主，其次为其他窑系的陶瓷器、服饰和生活用品、铜铁钱、铜铁镜、墓志兼及少量文房用器、玉器、金银器、漆木器等。同时两宋装饰彩、壁画工艺及仿木结构形制的砖室增多，较注重科学理念防腐、防潮的运用，把木炭、石灰、排水管等材料作为铺设在棺木周围，北宋中之后又用石灰糯米汁、三合土、松香、水银、朱砂等防腐材料。南宋及明、清，石灰、排水沙、木炭、石板等填充圹室增多起来，在地面上又修建了一些宗族祭祀的建筑。这些多元化因素的影响，表现了金东人文与儒佛道的融合在当时产生了较大影响。

这些意识形态与"天人合一"理念不仅在村庄山水形态、自然地理定位中体现，也在民居、寺庙、塔桥等建筑中得到表现。这些都得到了金东区大量考古发掘出土文物的证明。

1982年，傅村镇畈田蒋村一座南宋绍定二年（1229年）纪年大墓中出土了半件精美的龙泉窑青瓷缠枝牡丹纹鼎式炉。经专家评定为国家一级资料，它却把龙泉窑厚釉瓷从元初才烧制的工艺向前推进了一步。

2004年，在陶朱路村附近的工地上发现了一座宋代的墓葬。在未进入考古的一夜之间，古墓中的文物却被盗挖一空，后经公安部门追缴宋代珍贵文物约20余件，材质有金、银、铜、瓷、料器等，形制优美，造型典雅，工艺精湛，特别是众多饮茶器皿的出土，是中国茶具文化的代表之一。当时国家、省文物专家对该墓中出土如此精彩的文物惊叹不已。如茶盏一次性就出土4件，扣金料杯、葵式扣金料盘和黑釉扣银瓷质大碗等，以其精美的造型、考究的用料、精湛的工艺，许多实物被认定为国家一、二级文物，具有较高的历史、艺术、科学价值。

2006年至2007年，曹宅郭门村五凤楼山坳中县级保单位"南宋郑刚中墓"因建设山塘水库工程进行迁移。经浙江省文物局同意，省文物考古研究所会同当时的金东区文物办进行发掘。该墓由地上地下二部分组成，地上包括墓阙、神道、环墉、享堂与祭台、封土，地下包括墓道、墓室。该墓虽历经历代多次盗挖，依然出土了大量石像生、花纹砖及玉环、金戒指、铁刀、青白瓷水盂、青白瓷粉盒、金发钗、墓志铭等器物。这项工作对南宋社会文化及郑氏圹地形饰和墓阙构筑都有重大研究意义，为省内所少见，是金华（金东）考古发掘历史中一次重要突破。

2010年，戴店一工程施工过程中发现一座唐代古墓。出土青瓷碗、白瓷渣斗、白瓷小碗、铜镜及瓷残壶、瓷盏，尤其是唐代青瓷碗，从釉色、造型之精美程度几乎可以与同时期的越窑相媲美，堪称婺州窑青瓷的精品之作，还有 3 件白瓷也是金东首次出土。

2011 年，金东区经堂头村附近一块墓碑牵出一段抗战往事。1939 年 2 月至 1942 年 5 月，浙赣战役打响，李友邦将军和他组织的台湾义勇队、台湾少年团在地处抗战前线的金华（金东）从事宣传教育、对敌政工、战地医疗、生产报国。一名台湾义勇队政治课教官高甦在金华（金东）因劳累去世并落葬。其墓碑右侧竖写"一九四〇·七·一五"；中间书"故同志高甦之墓"；左侧落款"台湾义勇队立"，字为楷体，是见证两岸人民共同抗日的历史实物（现中国人民抗日战争纪念馆陈列其石碑），记录着两岸同胞在金华（金东）留下不朽一笔。

2013 年，在多湖黄泥山村西南侧山坡土地清理平整时发现一座明代范氏与夫人合葬石椁墓，椁盖和椁身由二块巨石挖凿而成，重估约 4 吨，以巨石凿刻成石椁的丧葬形式在江浙地区极为罕见（被称"浙江第一石棺"），为研究明代的葬俗提供了珍贵的实物依据。

2013 年，项牌村在旧村改造的现场发现一座古墓葬，出土湖州铭文镜、玉佩、铁剑、墓志铭、鎏金发钗等器物珍贵文物。特别是该墓中出土的墓志铭为研究宋代靖康之难后南迁至金东的家族、文化、地方史提供了文献史料。

2016 年，金东区二环北路东区，发现一古墓，对该墓进行抢救性清理。墓葬为砖室墓，平面呈"亚"字形，总长 9.93 米，通宽 7.84 米。墓室壁内倾，壁面发现多处盗扰的痕迹。墓用砖侧面窄端模印"目"字和"五铢"铜钱纹，较为清晰，年代为汉代。因早期盗掘故发掘过程中未发现随葬品。

2017 年，金东区文物监察大队接报告，在积道山上发现了多座石塔，两座石塔保存完好，两座已经倒塌。塔身呈六面体，塔高 138 厘米，宝顶均损毁。塔身正面竖刻"□□空济二宗第二十七上成下得藻公禅师之灵塔"等字样，两侧刻有"龙飞大清乾隆二拾伍年二月上浣吉旦"。经考古调查，原寺周边约有大师的灵塔多达十余座。据《光绪金华县志》记载，积道山顶的天圣禅寺建于宋景德二年之前，距今已有超过 1000 年的历史，是金华最悠久的寺院之一，供奉婺州名僧定光佛。寺中有僧房 120 间，僧人 500 有余。惜在"文革"时被拆毁。是一处对研究金华（金东）佛文化传播、古代佛教葬制、建筑形制提供了实物资料。

2018 年，在积道山又发现方豪先生书写碑刻"重修竹安寺记"。方豪是北京大学"五四"爱国运动学生领袖之一，全国学生联合会首任主席。1927 年到 1948 年，方豪在浙江省立第七中学（今金华一中）长校二十余年。

2019 年 12 月，金东区赤松镇王宅村民报告，在罗店长岭村附近长岭水库因水旱干涸发现其祖墓及石像生石马残件。赤松王氏"四世一品"宗亲会二十多人前往现场勘察，发现一些石雕器物，尤其是石马雕件令观者惊叹。进一步考证这是宋"一代儒相"王淮墓址。1957 年，浙江省文管会曾派考古专家前来此地清理过王淮墓，仅发现几枚铜钱及王淮墓志铭。该葬墓坐南朝北（相传，王淮一直思念着北方被金兵侵占的故土，因此，他死后也要面朝北方，想看到收复失地的那一天）。当时的王淮墓现场还曾竖立有一方"神道碑"，高约 6 米（其中碑盖 1 米，碑座 1 米），碑文由陆游、杨万里等人题写以及望柱、享亭等，现仅存残构石件。遗址再次发现为研究金东南宋文化、地方史提供了实物文献。

2000 年 5 月，鞋塘办事处一施工工地向文物部门报告发现疑似古墓，经现场勘察为汉时期，并进行抢救性清理，出土了 4 只残损陶质罐及锈蚀严重的五铢钱。

2000 年至 2020 年，其间在澧浦、孝顺、傅村、源东、曹宅、塘雅、多湖等发现清理了三国晋唐和宋明清间古墓葬近百座。在东孝、赤松、多湖等又清理了汉晋古墓近二十多座（浙江省文物考古研究所），为研究金东历史文化提供了佐证。

同时，金东古遗址、金东古道等工作的考察也俱亮点，金东区文物主管部门在多湖街道、东孝街道、澧浦镇、傅村镇、岭下镇等一带作过多次走访与调查，明确了婺州古城二条重要外出行、邮、商、栈道所经历的金东区界遗址，即旌孝门外东北段，赤松门外东南段的位置、走向、规模及构筑状况。一些重要的文化发现为研究商周、汉宋以来历史遗迹提供了重要佐证。对七坑口古遗址、王宅古遗址、齐云冈遗址、古龙潭酬雨遗址、维摩座佛教遗址、三教名山积道山"寺、庵、塔"文化遗址、赤松山"叱石成羊"道教遗址、婺州古窑址等也将作深入的调查。

2021 年至 2022 年 1 月，金东文物考古又见新成绩，2021 年开始由浙江省考古研究所对金东区"金华理工大学"项目地下遗存进行抢救性发掘，已发现建筑等遗址 6 处，墓葬 9 座（其中 M2、M10 为宋代），已发掘 M10 出土文物 199 件（套），有金饰、银器、铜镜、铁、瓷、竹木和水晶饰品等，其中出土的水晶饰件达 35 件，极为珍贵，为研究金东在南宋时人文生活及"宋韵文化"有着重要价值。

金东是一座英雄的新城。从太平天国、辛亥革命和抗日战争、解放战争等红色革命中，金东人为革命事业抛头颅洒热血，涌现出一大批革命志士。1919 年 5 月 4 日，金东籍知识分子在北京参加了五四运动，并把五四运动的消息传回金华，北大学生方豪（电影《建党伟业》有方豪在发动同学的许多片段）就是北大五四运动的学生会领袖之一。

1920 年 2 月，陈独秀从北京到上海，开展创建中国共产党的活动。金东籍施存统（今金东源东乡人）积极参与创建党的活动。1920 年 6 月，中国共产党最早的组织——上海的共产党早期组织成立。在共产党早期组织中有 5 位发起人，其中就有金东籍的施存统。不久，陈望道（义乌人）亦加入上海的共产党早期组织，在中共一大召开前，上海的共产党早期组织有党员 15 人，其中金华籍就占了 2 人。施存统又是上海社会主义青年团的发起人之一，还赴日本建立了旅日共产党组织，并任该组织负责人。

1925 年夏，金华最早的中共党组织——中共金华支部成立，1926 年期间在第二任书记钱兆鹏（1907—1927 年，金东赤松人）领导下进行了艰苦的革命工作。7 月改建，任中共金华独立支部首任书记（兼任共青团金华地区第一个团组织——共青团金华支部首届书记），领导工人、农民、商人、学生、小学教师、妇女中组建工会、农会、商会、学生会、小学教师协会、妇女会……创办了金华学生联合会主办的《五九特刊》。在刊物写道："耻而不知，其得为国乎！然则是刊之发行，所以知耻也。知耻近乎勇，勇则必有雪耻之一日！"，从此，金华人民革命斗争有了坚强的领导核心，也用 20 岁的生命和鲜血书写了感天动地的英雄史诗。

1949 年 5 月 7 日凌晨，中国人民解放军先头部队三十五师一〇四团抵近金华。一营首先从金东区域多湖上浮桥进击金华古城内，金华古城获得解放，也开始新金华的第一页，留下许多珍贵的红色革命文物和"金东故事"的记忆。

近年来，学界对金东的考古发掘成果颇为关注，但苦无一所文物展示馆，无法直观与群众面对面介绍金东历史文化，在考察、研究、征集活动中也无法正常开展。

2020 年 12 月，在习近平总书记来金东考察 18 周年、金东设区 20 周年、金东区人文博览中心开馆之际，编辑出版了《金东区考古文物精品图文集》。

此番出土文物和论文专集出版，既展示金东各个时期文化的典型器物，又演绎文物考古背后的故事。

金东文物考古发现一次次丰富了科研与收藏鉴赏等内容，是金东文化基因解码和历史遗迹保护中重要价值所在，对推动文旅融合，具有新时代的战略意义。

编著者

2022 年 2 月 11 日

二　金东考古文物

1 | 白垩纪、新石器时代
The Cretaceous period, Neolithic

白垩纪

恐龙蛋化石，范围涉及浙江省金衢等 9 个白垩纪盆地（约占全省白垩纪盆地总面积 76%），面积约 11000 平方千米。通过大量野外实地考察、化石清理和鉴定，部分重要地段的抢救性挖掘及综合研究，现已发现浙江省的恐龙化石产地（18 个县、市）82 处、316 个化石点。有恐龙 5 科 6 属 6 种，恐龙蛋化石 7 科 10 属 20 余种。其中包括中国东阳龙、浙江吉蓝泰龙（金华，晚白垩纪），丽水浙江龙、天台越龙、始丰天台龙等恐龙物种，以及南马东阳蛋、桥下巨型长形蛋、田思村副蜂窝蛋、大孔副蜂窝蛋等新蛋种。目前为止，在金东区范围内已发现多起恐龙蛋化石出土的报道。

1982 年，多湖施工工地，恐龙腿骨化石。

2002 年，塘雅施工工地，出土 8 枚恐龙蛋化石。

2004 年，曹宅施工工地，出土约 10 枚恐龙蛋化石，最大直径达 14 厘米。

2011 年，鞋塘施工工地，发现四枚恐龙蛋化石，体积较小，长约 8 厘米，高约 4 厘米，属于小型的恐龙蛋。

……

01

02

03

04

05

1. 化石

01-02 恐龙蛋
03 金东东阳江上硅木树化石
04 象牙臼齿化石
05 化石 3 件

01

02

03

04

2. 石器

金东区出土

时代：新石器

01　石器之一

尺寸：长 13cm　宽 6.1cm

石器，长方扁椭状，弧背，直刃，双面刃，磨光，上部略平。青砂岩，质硬。

02　石器之二

石网坠，平面呈不规则圆形，中间圆孔稍厚突出，周缘外渐略薄。灰黄色，磨制，表面较光滑，质硬。

03　石器之三

石网坠，整体两面较平，略呈饼形，中间有一圆孔，缘沿磨制圆角。质地灰黄色，磨制，表面光滑，石质硬。

04　石器之四

尺寸：长 6.5cm　宽 2.1cm

石网坠，整体两面较平，略呈长饼形，中间开有一道浅凹槽，通体磨制，缘沿有使用痕迹，红砂岩，质地酥松。

05

06

07

05　石器之五

尺寸：长12cm　宽1.8cm

石器件，生产工具，青灰细岩石，长条棒状，截面呈正方形。一面斜，一面略凸有磨制边角。

06　石器之六

1.石箭镞：通体磨光，三棱形镞，中脊凸起三棱成刃，三刃前聚成锋，早期石制兵器件；

2.石镰：无柄，细齿，平刃，呈弧形。背饰一小圆孔柄；

3.石箭镞：通体磨光，扁三棱形镞，脊面微凸线羽起平，缘沿聚刃成锋，早期石制兵器件。

07　石器之七

贞姑山玉料（金华玉）之一、二

左图，石料，呈不规则圆形；

右图，素面，圆饼状，中间厚边缘薄，通体磨制，石质。

01

04

02

05

03

06

3. 青铜器

金东区出土

01　铜锄

尺寸：纵 7.8cm　横 6.7cm　厚 1.5cm

战国时期，农具，方扁銎直体宽刃式，中间有一方孔，平刃且稍翘。

02　商周·青铜戈

戈是一种横刃长柄兵器。

尺寸：残长 12.5cm

援略上扬，尖锋圆弧，胡较短，栏侧三穿残，内且厚残。

03　西周·铜钺

尺寸：通长 6.9cm　宽 6.7cm　厚 1.6cm

长方銎，扁体宽弧刃，内空，刃部宽两角微翘，刃口有使用

痕迹。

04　战国戈

尺寸：残长 17.5cm

援略上扬，尖锋，平脊，胡较短，栏侧二穿残，内残。

05　战国矛

尺寸：通长 14.1cm　宽 3.7cm

园骹，骹端平齐，锋部起尖隆脊，羽刃前聚成锋，箭作圆棱角形，中实，上残。

06　青铜箭镞

尺寸：残长 2-6cm

多湖街道望府墩、上古井一带出土。

4. 席纹单柄陶罐

时代: 春秋

尺寸: 口 13.2cm   腹 11.5cm

　　　柄长 3.5cm   通高 15.5cm

金东王宅村出土（王宅／王永成捐献）

陶器。该器呈"U"字形，圆唇，沿略外折卷，口微敞，上部束颈并饰二
圈凸纹，下颈二周阴弦纹线并与腹瘆成弧外鼓，腹肩对称置上翻，方扁
把柄，另一侧微凸小尖丁，腹下至底呈圜底，底中微瘆，肩部下及底通
体拍打印席纹，泥质灰陶，器内壁明显可见制坯及拍打痕迹。

5. 米字纹硬陶坛

时代：春秋

尺寸：通高 42.5cm

金东区出土

陶器。侈口，折沿，方唇，束颈，最大腹径在上肩部，斜腹，平底微凹，肩腹拍打印米字纹，不均，近底部无纹饰。夹砂褐陶，薄胎，质较硬。

6. 印纹小罐

时代：战国

尺寸：通高 24.5cm

金东区出土

陶器。方唇，口沿外斜，束颈，鼓肩，腹下弧收，大平底，颈腹间拍打米字纹，近底部被抹平无纹饰。夹细砂灰陶胎，质较厚。

7. 陶盘

尺寸：通高 4cm

东孝街道金东村土墩墓出土

陶器。平沿，方唇，腹下收至底，平底圈足，灰砂陶，胎体较厚。

8. 双耳三足青铜夏鼎

时代：秦汉

尺寸：口 42cm　　耳 11.2×9cm

　　　足 16.8cm　通高 32cm

20 世纪 70 年代在赤松镇发现

青铜鼎。口微敛，圆唇，唇沿置对称竖式长形圆附耳，深腹稍鼓，圜底，长圆形三足稍外撇。腹与足间有铸痕，足中空，部分有锈蚀。器皿呈庄重感，特色鲜明。

1. 婺州窑鹤首釉陶盖熏炉

时代：西汉

尺寸：口 8.2cm　底 16cm

　　　腹 17.5cm　通高 15.5cm

1974 年金东出土

陶器。该器物呈扁圆微凸鼓形，器盖呈斗形，盖顶平，上部饰以鹤首钮，左右间设二小圆孔，弧腹内凹，下置子口。炉口平沿，侈口，弧肩、肩部划二道弦纹并置对称单耳钮，圆腹、下部微内收、平底，底部置三点蹄形足。通体施满褐黄釉，丰润，底部露胎细腻、不施釉。国家一级文物。

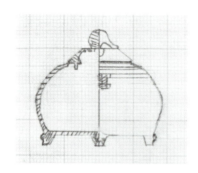

2. 印纹大陶罍

时代: 西汉

尺寸: 通高 49.5cm

1987 年在东孝街道周村农田改造时发现

陶器。敛口, 尖唇, 斜平沿, 圆溜肩, 鼓腹下斜收, 平底微凹, 器身沿肩下饰二道浅弦纹, 通腹满拍印栉齿与菱格纹, 胎质红陶, 烧结致密。器形较大, 制作规整, 纹饰优美, 具有明显时代特色。

3. 印纹陶罐

时代：西汉

尺寸：口 19.6cm　底 15.6cm　通高 39.5cm

1973 年在东孝街道下于村发现

陶器。直口，窄斜唇，短束颈，领部饰二圈宽边凸
纹。斜弧肩，圆豉腹，腹最大径位于上部，平底微
凹，通体满拍打饰方格网纹，纹饰清晰，泥条盘筑，
胎质呈砖红色，质地较松。

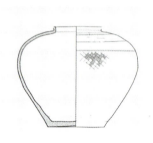

4. 盂

时代：西汉

尺寸：口 3.6cm　底 3.6cm　腹 7.7cm　通高 5.5cm

1973 年在东孝街道下余村发现

瓷器。敛口平，扁鼓腹，平底。素面，胎灰而釉色泛黄绿，结合较差剥落严重。

5. 青铜镜

时代：西汉

尺寸：直径约 10cm

1973 年在东孝街道施工工地发现

铜器。圆纽，柿蒂纹纽座，座外方框，框内一周有纹饰，内区饰博局纹，外区环绕铭文带和锯齿纹，卷缘。锈蚀严重。

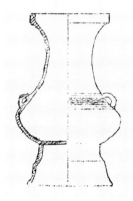

6. 陶质钟

时代：西汉

尺寸：通高 40cm

金东区出土

陶器。钟，古代酒器，原以青铜与漆器为常见器皿。西汉后金东一带地流行器之一，也是典型婺窑产品，该器凹凸沿外饰波浪与弦纹，长颈，扁鼓腹，高圈足，整个器型造型规整，肩部饰有对称系纽，耳面上饰叶脉纹，肩部有多道弦纹和双划波浪纹，圈足上部折覆盆而外撇，内空，并饰上下二道弦纹。灰陶胎，烧结程度较好。

7. 印纹陶罐

时代：西汉

尺寸：底 13.1cm　通高 38.5cm

金东区出土

硬陶。敞口，圆唇，束颈，弧腹，平底。通体拍打重
方格米字纹，陶胎质薄。

8. 瓷耳杯

时代：西汉

尺寸：通高 3.7cm

金东区出土

瓷器。呈椭圆状，圆唇，前后设流口，宽边侧置耳，
底平，胎釉结合程度较好。

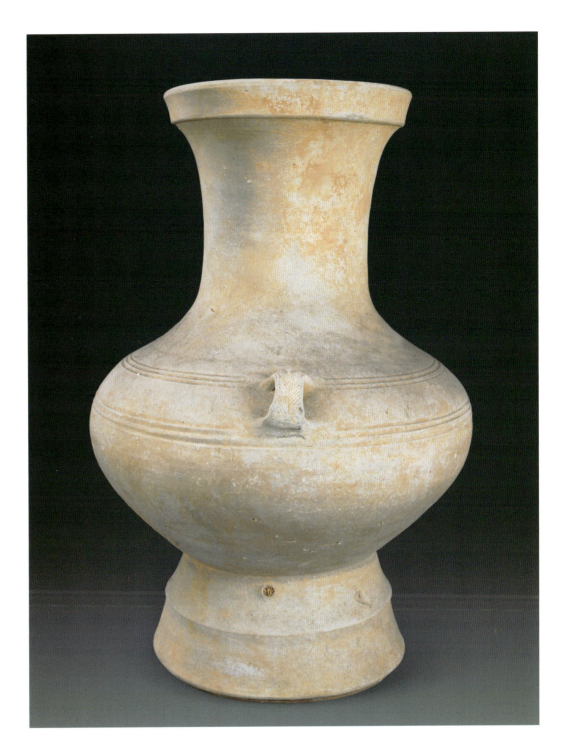

9. 瓷钟

时代：西汉

尺寸：通高 38cm

金东区东孝街道麻车塘出土

瓷器。盘口，高弧颈，溜肩，扁鼓腹，高圈足略斜
撇，肩部对称置单系耳，肩腹间饰弦纹。

10. 青铜簋

时代：西汉

尺寸：口 28.4cm　底 16.7cm　通高 14cm

1998 年金东东关村出土

青铜。侈口，圆唇外卷，束颈间饰半圆形凹圈，腹中饰一道凸纹及圈带边纹，腹微鼓下内收，高圈足外撇，腹圈下两侧置对称兽面铺首铜环。

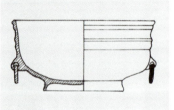

11. 青铜镞

时代：西汉
尺寸：通长 4.7cm
金东区出土

青铜。三棱式箭镞头。青铜质。尖锥状，前聚成菱形前锋，刃侧微，西汉典型武器件。

12. 博山炉

时代：西汉
尺寸：口 6.1cm　底 5.5cm　通高 16.6cm
1982 年金东马铺岭出土

青铜。此为熏香用具，由盖与炉身组成。盖制铸出高低起伏的山峦，子母口内敛，炉盖以山势镂孔，可拆卸，炉身杯型设合口，素面，柄细圆柱底部高足内空。工艺巧作富有立体感。

贡昌先生绘作

13. 青铜樽

时代：西汉

尺寸：口 27.8cm　足 3cm　通高 17cm

1982 年金东东关村出土

青铜。直筒形，内壁平，外壁饰三条宽带纹，圈底置
三兽（蹲熊）足，沿带下饰对称兽面铺首衔环。

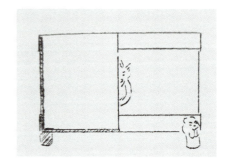

14. 青铜剑

时代：汉

尺寸：通长 56cm

金东区出土

青铜。剑茎上饰两道凸箍，剑格为底部向剑脊斜收微
凹形，剑身本部较宽平。

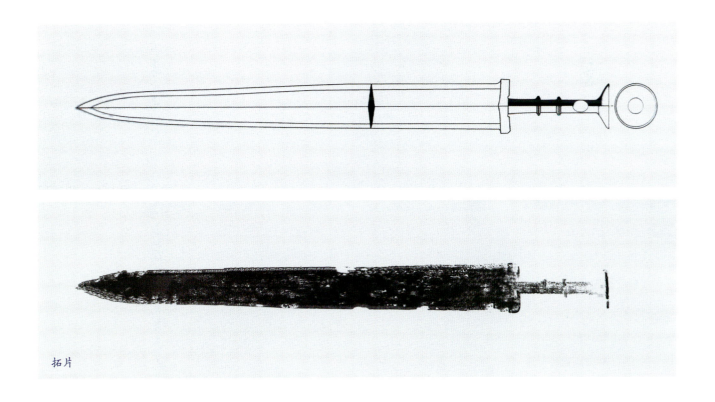

拓片

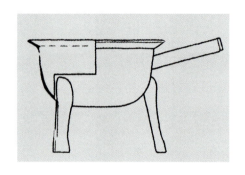

15. 青铜三足鐎斗

时代：汉

尺寸：残高约 16cm

1990 年在金东农田改造时发现

青铜。宽折沿，弧腹近平底，腹下置三只长三角蹄足，略外撇，长方形空心柄。青铜质。

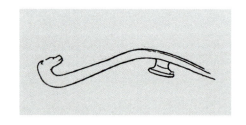

16. 青铜带钩

时代：汉

尺寸：通长 12cm

金东区出土

青铜。通体圆细长呈琵琶状，青铜制钩体，螭首状钩头，钩身为细圆龙形，龙头位于钩颈处，正立昂首，龙眼微突，正则龙纹麟须饰阴刻于钩体，呈弓状，线条柔和飘然，尾部面鼓，纽在背正中，造型简约令人悦目。

17. 青铜扣

时代：汉

尺寸：残长 1.5cm　通高 1cm

金东区出土

青铜。该件呈雁形，钩体造型饰雁回头，腹下置圆钮，形飘穿云掌之势，生动活泼可爱。

18. 青铜双系釜

时代：汉

尺寸：口 13cm　底 6cm　腹 13.5cm　通高 4.7cm

1997 年在金东郑店农田改造时发现

青铜。直口，平沿，沿口置对称绳纹系耳，外腹壁饰一道凸纹，圈底，青铜质地。

19. 滑石猪

时代：汉

尺寸：通长 7.2cm 高 1.1cm

金东区出土

石质。该器物呈长条形，猪身瘦长，吻部突出，作蹲伏状，四肢藏于腹部下，肩胛部与臀部线条划刻出，尤其是眼、耳、嘴、腿爪刻画淋漓尽致。汉朝时金衢盆地上对养猪业进入一定的发展阶段，逐渐把散养方式，转移到圈养，可见有了地方培育"猪种"之一，金华二头乌猪。猪也成为当时十分重要的陪葬礼俗品之一，为的就是怕逝者在地下吃不到猪肉。有钱人则会用玉石做成小猪状，放到手中名曰"握豚"，表示财富伴随世代多子多孙。此风于汉晋盛行唐渐消失。

20. 青铜弩机

时代：汉

尺寸：通高 15.1cm 长 13.7cm

金东东关一带出土

青铜。战争中兵器的运用就是进步的主动权，而弓到弩的发展就是一例，弩有操作简便，具有稳定性准确度和杀伤力，成为军队中重要配备。弩组成由弩弓，弩臂，弩机三部分。弩弓横装在弩臂前端，弩机套装于弩臂后，因弓与臂器均为木制极为腐蚀，故保存到现在往往是弩机器座，在金东范围内一些汉墓中有所发现。长方形外部，郭面中间有箭槽，侧面有两个栓塞孔，将悬刀望山钩牙贯穿，因锈蚀而不能活动。

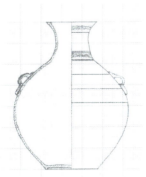

21. 青瓷双系弦纹釉陶壶

时代：东汉

尺寸：口 12.7cm　底 13.4cm　腹 27.8cm　通高 35.2cm

1987 年金东出土

釉陶。圆唇，喇叭口，沿下五条波浪纹，颈中束，颈肩饰双弦纹、波浪线，溜
肩、肩部两侧置对称双耳啣环铺首，肩与腹间饰三道粘塑弦纹带，施半釉，露胎
部分呈褐红色，有圈足内凹，手工拉坯痕迹明显，胎质薄且硬。国家二级文物。

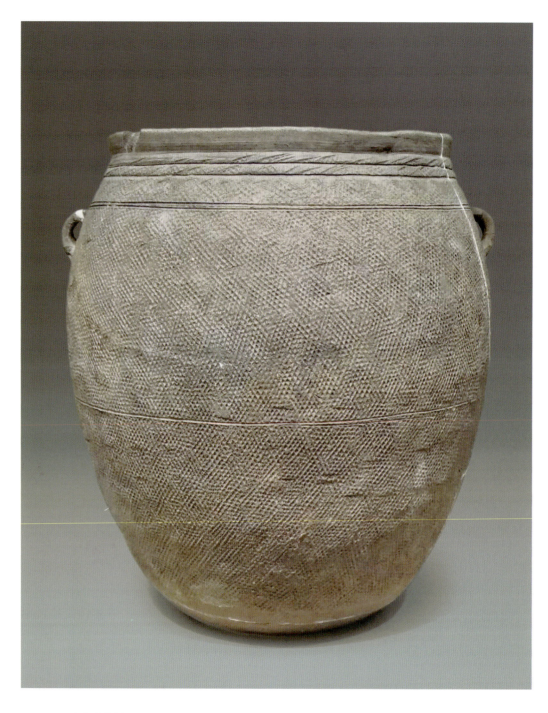

22. 青瓷大陶罍

时代：东汉

尺寸：通高 50.5cm

1998 年金东东孝街道出土

印纹陶。圆唇，矮颈微敞，颈肩间饰二道凹线槽，又约 1.5 厘米下划
出二条阴弦纹线，肩部两侧置对称泥条耳钮，下收平底，腹部满饰拍
打麻布纹，灰胎质。

23. 印纹大陶罍

时代：东汉

尺寸：口 31.5cm　底 20.5cm　腹 56cm　通高 47.2cm

1998 年金东东孝街道出土

印纹陶。敛口，平折沿外撇，方唇，微颈，丰肩，鼓腹丰满，最大腹
径在上部，下斜弧腹内收平底，肩腹部满饰拍打箆齿纹，火候较高硬
质灰胎。

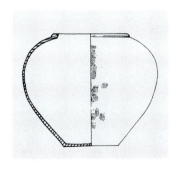

24. 红砂印纹大陶瓮

时代：东汉

尺寸：通高 46cm

1998 年金东东孝街道出土

印纹陶。瓮尖唇，敛口，方唇宽沿外斜，沿上饰有二道凹槽，斜直领，弧肩，腹圆鼓，最大腹径位于上部，下部内聚收平底，肩部、腹部通体满拍饰横向的方格网纹，纹饰清晰，胎呈红砂质，内壁可见泥条盘筑痕。胎质红，烧结程度不高。

25. 铺首啣环青铜壶

时代：汉

尺寸：口 6cm　底 23cm

　　　腹 31cm　通高 38cm

1980 年金东出土

青铜器。圆唇，侈口，束颈，扁鼓腹，腹间饰三道微凸宽折沿，中部
置对称铺首啣环，高圈足中间微凸，底部内凹。国家二级文物。

26. 日月铜镜

时代：汉

尺寸：直径14cm

1985年金东出土

青铜镜。在汉代文化发展史上是重要的发展时期，其特点是圆形、薄体、平素边、圆钮，装饰程式化，出土的数量较多，引人注目。该镜呈半圆钮，钮外饰连珠纹，围以素圈，外饰连弧纹，在外为一圈铭文，沿部宽素边。国家二级文物。

27. 青瓷虎子

时代：东汉

尺寸：口 4.9cm　长 22.5cm

　　　宽 14.9cm　通高 18.1cm

金东区出土

瓷器。圆筒式，口部置呈小漏斗状，圆唇直口，圆筒腹，腹背置对称半圆形小纽，腹底置泥点四足，略外微，尾部折下平收，前胸饰三道波浪纹，腹部饰瓦楞状弦纹。胎质粗，红砂泛灰色。国家三级文物。

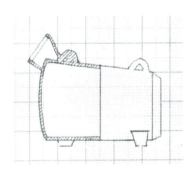

28. 釉陶奁

时代：东汉

尺寸：口 18.8cm　底 17.3cm

　　　通高 14.1cm

1974 年在东关某施工工地发现

陶器。直口，圆唇，直腹，平底。器底边置三足，腹间饰二道三条凸圈弦纹，通体施褐黄釉，厚胎，露胎呈砖红色，胎釉烧结程度高。

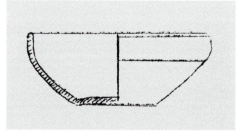

29. 釉陶碗

时代：东汉

尺寸：口 15.6cm　底 3.5cm　通高 8.1cm

1974 年在东关某施工工地发现

陶器。敞口，圆唇，弧腹，圈足底。足底斜削，内心圜底饰凸一圈，外壁腹饰一道弦纹。内外施褐黄釉，釉面光亮，红陶胎。

30. 陶簋

时代：东汉

尺寸：口 25cm   底 13.3cm   通高 11cm

1974 年在东关某施工工地发现

陶器。敞口，宽折沿，弧折腹，窄圈足，内壁腹部划一周弦纹，外壁
上腹饰二道阴刻弦纹中饰波浪纹，足上部划一圈纹线，灰胎，质釉结
合不致密，缩釉现象严重。

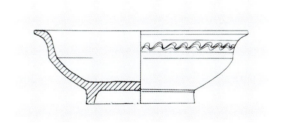

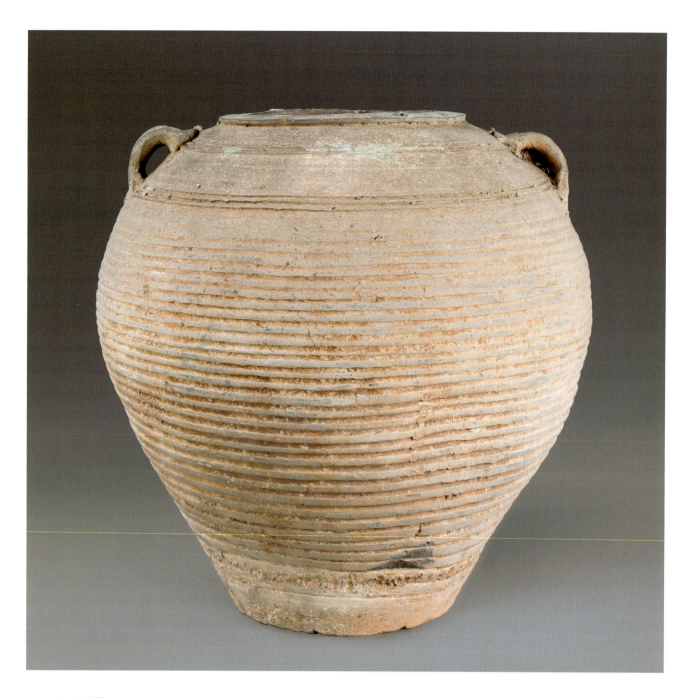

31. 双系罐

时代：东汉

尺寸：口 12.7cm　底 12cm　通高 24.5cm

1974 年在东关外某施工工地发现

陶器。方唇，直口，矮颈，溜肩，上腹鼓，下腹弧收，平底微凹，肩部饰二组三道弦纹，斜弧肩对称置双耳，耳面划印叶脉纹，腹部满饰瓦楞状弦纹。平底。质地硬，露胎处呈青灰色。

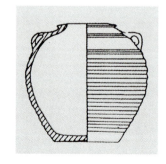

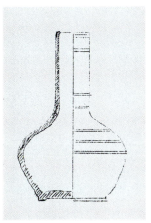

32. 长颈瓶

时代：东汉

尺寸：口 5.9cm 底 12.2cm 通高 29.5cm

1979 年在东孝街道戴店黄土丘坡平整土地发现

瓷器。平沿，直口长颈，口沿下至肩部饰二道二组双刻阴线，组线间划出波浪纹，条理分明。溜肩，鼓腹，肩与上腹饰三组双阴刻弦纹线，大圈足微外僻，内微凹，通体施青釉，胎釉结合不至密，厚胎质呈褐灰。

33. 双系釉陶罐

时代：东汉

尺寸：通高 24cm

金东区出土

陶器。敞口，圆唇，束颈，溜肩，鼓腹，圈足。肩腹对称置纽，肩腹饰弦纹阴线，耳面印叶脉纹，陶胎质呈砖红色，通体施褐釉不及底，胎釉结合较好。

34. 双耳小壶

时代：汉

尺寸：通高 20cm

1998 年在原旌孝街电大校园平整土地发现

陶器。侈口，平沿，沿下微凸一圈，粗短颈内微束，斜弧肩对称置双耳，耳面划印叶脉纹，弧略腹，平底。质地硬，露胎处呈暗红色。

35. 双耳扁腹壶

时代：东汉

尺寸：通高 26.5cm

1998 年在原旌孝街某工地发现

陶器。侈口，尖唇，粗短颈内束，斜弧肩对称置双耳，耳面模印叶脉
纹，弧腹，平底。口沿外满饰波浪纹，肩腹上部饰上下二道弦纹中间
饰波浪纹，胎釉结合差，质地硬，露胎处呈灰色。

36. 双唇罐

时代：东汉
尺寸：通高 24cm
1998 年金东区出土

瓷器。子母口，平沿双唇，外侧略外撇，内近直口，束颈，微鼓腹，斜弧肩对称置双耳，耳面模印叶脉纹，弧腹，平底。颈沿下饰三道弦纹每道中间划出波浪纹，图案精美，褐质胎。

37. 双耳弦纹敞口壶

时代：东汉

尺寸：通高 30.5cm

金东区出土

瓷器。盘口，卷唇，矮颈，弧肩，鼓腹，肩腹对称置半环耳一对，耳面饰叶脉纹，口沿下和颈肩部各饰一组深细弦纹，另在耳间饰浅细弦纹，腹部满饰瓦楞状弦纹。平底微凹，胎质灰褐色。

38. 黛砚研石

时代：东汉

尺寸：长 6.5cm　宽 3cm　厚 1cm

金东区出土

石器。系青灰砂石质黛砚，由长方形砚板和圆首方底的研石组成。砚磨面有磨损痕迹。

39. 小盘口壶

时代：东汉

尺寸：通高 26.7cm

金东区出土

瓷器。盘口，卷唇，矮颈，弧肩，鼓腹，肩腹对称置半环耳一对，耳面饰叶脉纹，口沿下和颈肩部各饰一组深细弦纹，另在耳间距又饰浅细弦纹，腹部满饰瓦楞状弦纹。平底微凹，胎质灰砂色。

40. 印纹陶罐（残）

时代：东汉

尺寸：残

1998 年金东东关街道某工地出土

瓷器。外壁通体拍打粗网纹，胎质灰色，烧结致密度较高。婺窑特大型器之一。

41. 褐釉双系纹饰壶

时代：东汉

尺寸：口 12.7cm　底 13.4cm
　　　腹 27.8cm　通高 35.2cm

金东东孝街道某工地出土

瓷器。敞口，圆唇，高颈，溜肩，圆鼓腹，平底微凹。沿颈下与肩部各饰两组纹式，即每组两侧外两道阴刻弦纹中间划出波浪纹，线条自然飘洒。肩部两侧设对称铺首衔环，耳面饰叶脉纹。肩腹间置三道粘塑弦纹，器物施半青黄釉，胎质呈褐色，烧结程度较高。

42. 双耳敞口红砂弦纹罐

时代：东汉

尺寸：通高 29cm

1999 年在金东楼店平整土地发现

陶器。圆唇，敞口，束颈，溜肩，鼓腹，平底。肩腹对称置纽，耳面饰叶脉纹，腹部满饰瓦楞状粗弦纹。胎质红砂色，器件为轮制而成。

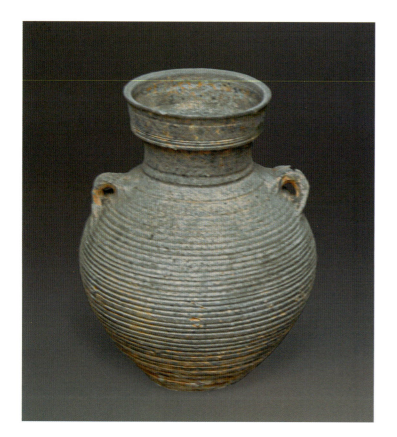

43. 弦纹壶

时代：东汉

尺寸：通高 30cm

1979 年东孝街道金东村在平整土地时发现

瓷器。高盘口微敞，平沿，弧颈，溜肩，圆鼓腹，平底。肩部两侧设对称耳系，耳面饰叶脉纹，盘口折收处饰数道细弦纹，颈肩部饰三道细弦纹。腹部满饰瓦楞状粗弦纹。

44. 双耳壶

时代：东汉

尺寸：通高 23cm

1998 年金东区出土

瓷器。小盘口，颈弧，肩腹中饰二道弦纹其间饰一组
水波纹，并对衬置纽，耳面饰叶脉纹，腹鼓，圈足
高，灰胎（出土时器内装满泥及砖）。

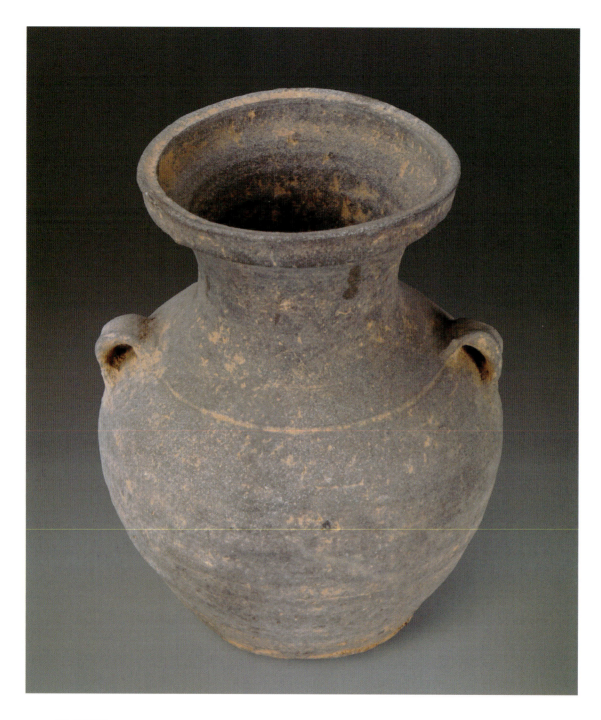

45. 双系壶

时代：东汉

尺寸：通高 24.5cm

1979 年金东东孝街道金东村在平整土地发现

瓷器。浅盘口，平沿，粗短颈微束，斜肩上安双耳，耳面模印
脉纹，鼓腹，假圈足。胎质硬灰陶。

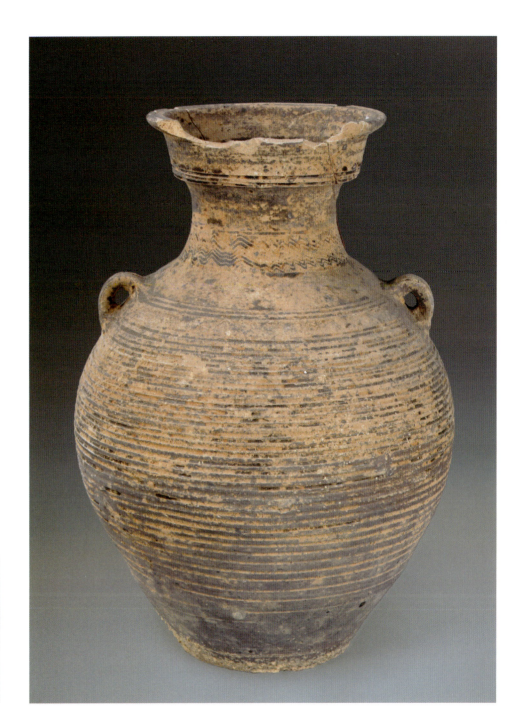

46. 弦纹筒形双系罐

时代：汉

尺寸：通高 30cm

金东区出土

瓷器。宽口，凹沿，斜壁收底，沿下部两侧各置半圆形竖耳，
耳面饰叶脉纹，器身饰粗弦纹，灰砂胎质。

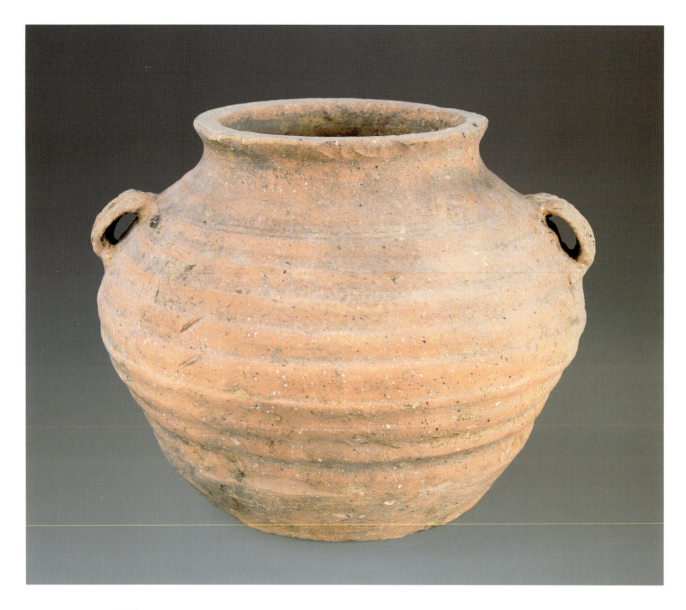

47. 双耳红砂陶罐

时代：东汉

尺寸：口 9cm　底 4.4cm　腹 15.2cm　通高 11.9cm

1979 年在金东东关某工地发现

陶器。敞口，平沿，折颈，溜肩，腹鼓，下腹斜收，平底。
肩部对称设桥形耳，耳面饰叶脉纹，肩腹部满饰瓦楞状粗弦
纹，胎质疏松呈红砂色。

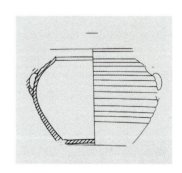

48. 弦纹筒形双系罐

时代：东汉

尺寸：底 11cm　通高 17cm

金东区出土

瓷器。宽口，凹沿，斜壁收底，沿下部两侧各置半圆形竖耳，耳面饰叶脉纹，器身饰粗弦纹，灰砂胎质。

49. 双耳弦纹壶

时代：东汉

尺寸：通高 27cm

金东东孝街道出土

瓷器。盘口较敞，折沿，弧颈较高，溜肩，鼓腹丰满，平底，最大腹径在中腹位置。肩部对称设桥形耳，耳面饰叶脉纹，盘口处饰二道弦纹，颈部饰二道弦纹中划波浪纹，肩腹部满饰瓦楞状弦纹，胎质呈灰褐色。

50. 双领弦纹罐

时代：东汉

尺寸：通高 23cm

金东区出土

瓷器。直口，方唇，双领，束颈，颈肩部对称设桥形耳，耳
面饰叶脉纹，圆腹，平底，器腹满饰瓦楞状弦纹，胎质呈灰
褐陶。

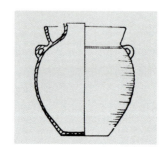

51. 双耳弦纹壶

时代：东汉

尺寸：通高 28cm

金东东关街道出土

瓷器。盘口较敞，圆唇，弧颈，溜肩，鼓腹，平底，最大腹径在中腹位置。肩部对称设桥形耳，耳面饰近兽面纹，盘口处饰二道弦纹，颈部饰一组波浪纹，肩腹部满饰瓦楞状不均匀弦纹，胎质呈黄褐色。

52. 双系红陶罐

时代：东汉

尺寸：口 13.8cm　底 10.7cm
　　　腹 18.4cm　通高 15.1cm

金东区出土

陶器。圆唇，大口，直领，圆肩，鼓腹，腹上部饰二组双弦纹并对称饰耳，耳面饰叶脉纹，腹下部斜收饰瓦楞状粗弦纹，平底，泥质红陶。

53. 双耳弦纹陶壶

时代：东汉

尺寸：通高 20cm

金东区出土

瓷器。盘口微敞，圆沿，弧颈较高，溜肩，鼓腹丰满，平底，肩部对
称设半圆形耳，耳面饰叶脉纹，盘口处饰二道弦纹，颈部饰二道弦纹，
肩腹部满饰瓦楞状粗弦纹，胎质呈灰褐色。

54. 釉陶壶

时代：东汉

尺寸：口 9.7cm　底 10.4cm

　　　腹 18cm　通高 25.1cm

1976 年在金东原东郊村农田中发现

陶器。环带口，圆唇，弧颈较高，溜肩，鼓腹丰满，下腹斜收平底内凹，肩部对称设半圆形耳，耳面饰叶脉纹，口沿下饰一道阴线弦纹，肩腹间饰二组弦纹，腹部下满饰瓦楞状粗弦纹，胎质呈红胎陶釉，胎釉结合较差。

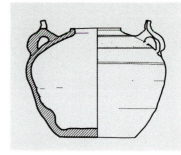

55. 釉陶瓿

时代：东汉

尺寸：口 11cm 底 13.2cm 腹 25cm 通高 21.4cm

1976 年在金东东孝街道农田改造时发现

陶器。侈口，宽沿外撇，肩腹转折不明显，鼓腹丰满，平底内凹，肩部对称粘塑铺首耳，耳上部饰兽面纹和栉齿纹，肩至腹上部饰三组弦纹，下部满饰瓦楞状粗弦纹，腹壁间烧结起泡，胎质呈褐胎陶釉，施半釉，胎釉结合较差。

56. 滑石猪

时代：东汉

尺寸：长 6.7cm 高 1cm

1976 年在金东东孝街道农田改造时发现

石质。长条状，猪呈俯卧状态，前端为面部，长鼻大眼，尾端为臀部。线条刻划轮廓，形态生动。

57. 青铜章（残）

时代：汉

青铜印章（残）

金东出土

58. 青铜簋

时代：汉

尺寸：口 29cm　底 16.5cm　通高 14cm

金东东关一带出土

青铜。敞口，宽折沿，深弧腹，平底。腹间饰三条凸
线圈纹，并在两侧置对称铺首衔环。

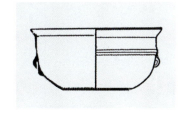

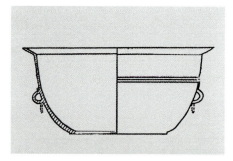

01

02

59. 2014 年经堂头村考古出土文物

01 **青铜簋线图**

时代：汉

尺寸：通高 14cm

敞口，宽折沿，深弧腹，平底。腹间饰三条凸线圈纹，并在两侧置对称铺首衔环。

02 **青铜弩机**

尺寸：通高 13.4cm 长 10.7cm

郭，望山，牙，钩芯锈固于郭箱，前后端各有一小孔。

03 **青铜钉**

半球形宽边状，下部内凹，中间有方柱尾尖，壁体厚，构件腐蚀。

04 **滑石猪**

长条形，双耳贴背，全身伏地，腿爪卧曲，雕法简洁，活灵活现。滑石是一种单晶系石质，光泽滋润，硬度较软，可雕饰。

03

04

1. 陶钟

时代：三国

尺寸：口 14.4cm　底 14.6cm
　　　腹 18.4cm　通高 29.7cm
1980 年在金东某农田改造时发现

陶器。直口，方唇，沿口上饰一周凸圈纹，长颈呈喇叭口，扁鼓腹，高圈足折覆，外撇足沿部卷口。整个器型造型规整，肩部饰有对称系纽，耳面上饰叶脉纹，肩部有上下三道弦纹中间饰波浪纹，圈足上部折覆盆而外撇，内空，并饰上下二道弦纹。器表面施化妆土，灰褐陶胎，烧结程度较好。

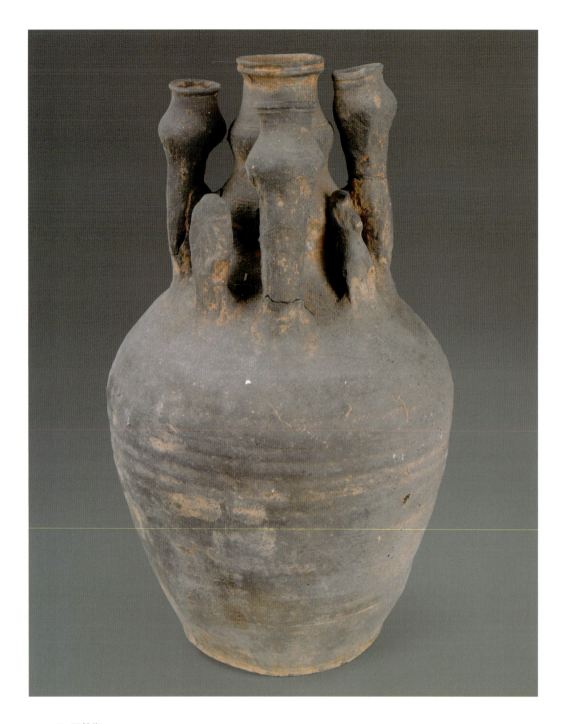

2. 五管瓶

时代：三国

尺寸：通高 42cm

金东区出土

瓷器。整体呈葫芦状，罐上饰较细长五管，中间大口径高于其他周围四管，管内均中空，在五管相间处泥塑四位人物，但比较抽象。罐腹鼓，肩部下满饰瓦楞状粗弦纹，平底。整体不施釉，呈黑褐胎。此器造型稳重，简而不凡。

3. 三足洗

时代：三国

尺寸：口 10cm　通高 4.2cm

金东区出土

瓷器。侈口，斜折沿外倾，沿面饰二道阴刻弦纹，浅腹圜底，腹部对称置横纽，底部设三足。整体施淡青釉，露胎呈褐色。器型规整，美观大方。

4. 青瓷钵

时代：三国

尺寸：口 16cm　通高 8.1cm

金东区出土

瓷器。侈口，圆唇，深弧腹，平底。口沿内壁施二圈弦纹中饰一道单划水波线，内底部划二圈弦纹，外腹壁中饰二圈弦纹。通体施淡青釉，露胎呈灰褐色。

5. 盘口壶

时代：三国

尺寸：口 11.7cm　底 10.4cm
　　　腹 23.3cm　通高 36cm

金东区出土

瓷器。大浅盘口，圆唇，短颈微束，丰肩，矮鼓腹，下斜收，小平底。盘口沿外饰二道阴弦纹，肩部分别饰双单道弦纹并置对称半环纽。通体施青中泛灰釉，釉不及底，底露胎呈褐色，烧结程度较好。

4 | 两晋 西晋、东晋
The Tsin Dynasty

1. 瓷三足鐎斗

时代：西晋

尺寸：通高 5.5cm

金东区出土

瓷器。敞口，圆唇，下腹弧收，圜底。底置长方形泥条三足，器腹中粘塑长圆形泥条斜把。通体施青黄釉，釉层均匀，有较好的玻光感，露胎处呈灰褐色。

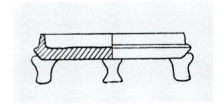

2. 三足砚

时代：西晋

尺寸：口 18.3cm　通高 4.5cm

金东区出土

瓷器。子母口，直口，圆唇，斜直壁，浅盘，砚心微凸，平底，盘下置三蹄形足，底有支烧泥点痕。胎质灰褐色，烧结程度较好。外底施青釉，釉层不匀。

3. 虎子

时代：西晋

尺寸：纵 24cm 底 5.8cm 通高 18.5cm

金东区出土

瓷器。蚕茧形，小口，背部有提梁，提梁后部饰一小尾；口外贴塑浅雕虎头，左右腹间各浅刻一组鸟翅纹，腹下贴塑四足，作蹲状，以便安稳摆放，器物通体施釉，釉色呈青黄色。2003 年由省文物局鉴定为"二级文物"。

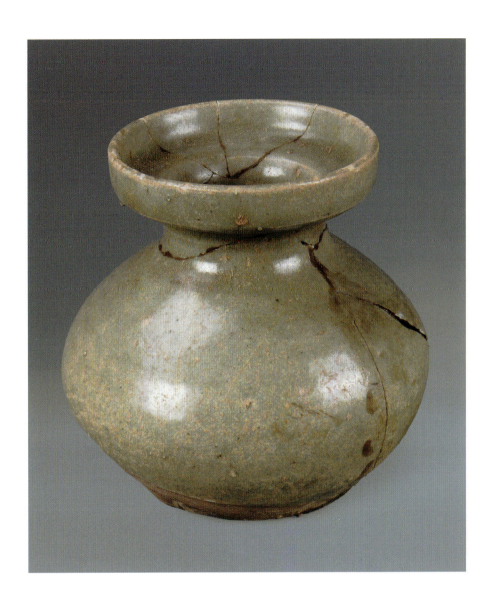

4. 吐壶

时代：西晋

尺寸：通高 14.8cm

金东区出土

瓷器。小盘口，束颈，溜肩，垂腹，平底。灰白胎，
烧结程度较好。施青黄色釉，釉不及底。

5. 水注

时代：西晋

尺寸：口 4.6cm　底 6.6cm　通高 6.6cm

金东区出土

瓷器。小口微圆凸，扁圆腹，肩部各饰一组连珠纹，紧贴刻划两道弦纹，下为网格纹，在网格纹中间分别为三组兽头，紧贴又一道弦纹，在腹中部又饰一组连珠纹，假圈足；器身通体施釉，釉色莹润。2003年由省文物局鉴定为"三级文物"。

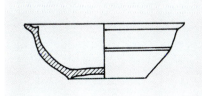

6. 青瓷洗

时代：西晋

尺寸：通高 9.6cm

金东区出土

瓷器。敛口，圆唇，宽折沿，弧腹，平底内微凹，外腹饰有上下二道弦纹之间饰花草纹。灰白胎，通体施青黄釉，底部无釉，灰红色胎呈。

7. 青瓷碗

时代：西晋

尺寸：通高 6cm

金东区出土

瓷器。口微侈圆唇，稍弧，斜腹，假圈足。胎质褐，烧结程度高。外施釉不及底，釉层较匀，釉色褐泛黄，胎釉结合好。

8. 半圆方枚对置式神兽镜

时代：西晋

尺寸：直径 16cm　厚 0.9cm

金东区出土

青铜。圆形，圆纽，外区一周铭文"太康二年三月九日，吴郡
工清羊造作之镜，东王公西王母，此里人豪贵，士患（宦）高
迁，三公丞相九卿"。双弦纹线与半圆、方枚，主纹内区有神
兽环列。

9. 青瓷单系盘口壶

时代：西晋

尺寸：通高 35.2cm

金东区出土

瓷器。大盘口，喇叭状，低颈，溜肩，矮鼓腹，平底内凹。肩部饰二道弦纹并有单系一对。通体施青黄色釉，釉不及底，底露胎呈褐色，胎釉结合较差。此器形矮壮，时代特色明显。

10. 狮形虎子

时代：西晋

尺寸：口 7.5cm　　纵 25cm

　　　　通高 20.5cm

1998 年二仙桥一带出土

瓷器。婺州窑典型器之一，虎子有多种说法，溺器，水器，酒具等。器形多种蚕形，扁圆，罐形等。该件属于蚕形，口微敞，平沿，头略歪朝向，高鼻大眼，竖耳挂须，束腰，两侧腰背上刻划飞翼，两腿鼓出，四足前曲作伏卧态，脊背与颈部置半圆形把手，臂把上饰粘一小尾。通体施青黄釉，丰润，工艺精湛。

11. 青瓷钵

时代：晋

尺寸：通高 10.5cm

金东区出土

瓷器。侈口，平沿，深弧腹，平底微内凹，平沿处留下均匀的方点支痕，外壁沿口束一圈，外壁施青绿釉不及底，釉层较厚，玻璃质感较强，胎呈褐而质厚，胎釉结合好，规整厚实。

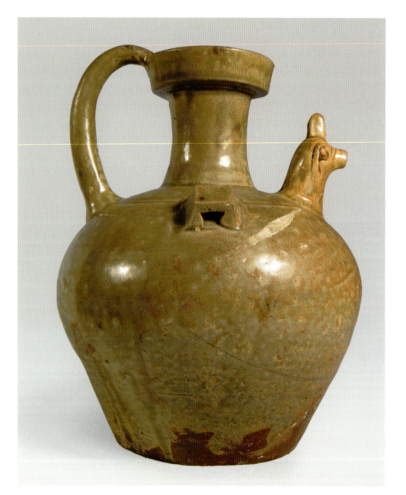

12. 鸡首壶

时代：东晋

尺寸：口 7.6cm　　底 12cm

　　　　腹 19cm　通高 23cm

金东区出土

瓷器。浅盘口，弧颈，鼓腹，壶身较大，肩部前置鸡头，两眼圆睁，高冠引颈，鸡首流从肩部伸出，低于壶口，壶柄从口沿伸出作弧线状至肩部与之相连，与流、柄垂直方向上对称饰折边桥形纽，肩部饰一道弦纹，平底微凹。盘、托手有褐色点彩，通体施青黄釉不及底，胎釉结合较好。器型整体美观大方。

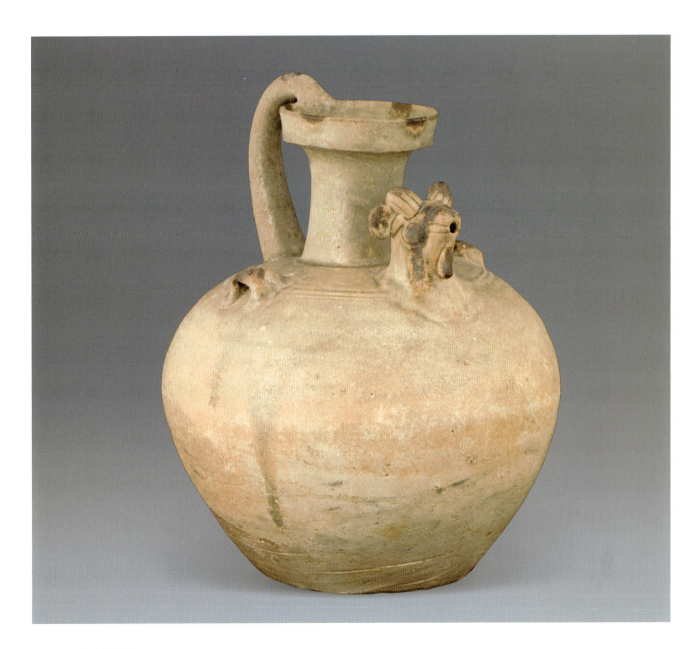

13. 青瓷羊头壶

时代：东晋

尺寸：口 7.5cm　底 10.3cm

　　　腹 19.5cm　通高 23.5cm

金东区出土

婺州窑瓷。壶为圆腹微鼓，直颈浅盘口平沿，在腹肩前置粘贴一只羊
头形，弯弯的羊角嘴翘出，圆眼静凸，下巴留着山羊须，并在后安置
圆形曲柄，腹的左右有对称双系，胎质结构紧密，釉色浸釉法，青釉
通体，特别是羊头、盘口、柄系上褐釉斑苔点作装饰，这是婺窑的一
项特殊着彩工艺，增加了器物形体美感效果。国家二级文物。

14. 犬圈

时代：东晋

尺寸：直径 12.6cm

金东区出土

瓷器。圆唇，浅腹盆，平底，腹间镂一周圆形单列孔，孔大小不均，孔缘粗糙。内塑站立小狗，竖耳伸头注目翘尾，形态生动，意趣盎然。通体施青釉，底无釉。青灰色胎，质稍粗。

15. 虎子

时代：东晋

尺寸：通高 21.5cm

金东区出土

瓷器。圆口，平沿，束颈，颈部、器身上部置半环形提梁，腹扁鼓，平底。施青黄色釉，釉色莹润，腹下无釉，露灰褐胎，烧结程度较高。

16. 青瓷钵

时代：东晋

尺寸：通高 7.4cm

金东区出土

瓷器。侈口，圆唇，深弧腹，底部平内凹。口沿施双点四对褐釉色彩衬托，并且饰一圈凹弦纹，壁底有支烧点痕迹。通体施青色泛黄釉，紫褐色胎。胎釉结合较好。

17. 青瓷灶

时代：东晋

尺寸：高 11cm　通长 18cm

金东区出土

瓷器。器物呈船形，前端尖及置出烟孔，台面上设两个灶眼，安甑、釜相连，另一眼置釜，后端平直开方形火门。这种炊灶台在金衢地区又名鬼灶，作为明器之一，是当时较为重要的文化现象。胎呈红色。通体施青绿色釉，釉层不匀。胎釉结合较好。

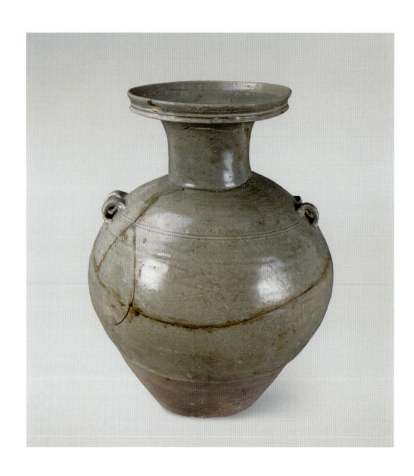

18. 双系盘口壶

时代：东晋

尺寸：通高 33.7cm

金东区出土

瓷器。浅广盘，微敞口，矮颈，弧肩，鼓腹，平底内凹。肩腹部饰二道弦纹，对称置双系耳。着化妆土施青釉不及底，露胎褐灰色，胎质坚硬，胎釉结合较好。

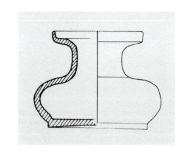

19. 吐盂

时代：东晋

尺寸：底 12.5cm　通高 10cm

金东区出土

瓷器。小浅盘，口敞，小颈，溜肩，垂腹，平底。素面。施青釉不及底。胎质褐色，烧结程度好，胎釉结合紧密。

20. 青瓷点彩碗

时代：东晋

尺寸：通高 5.8cm

金东区出土

瓷器。圆唇，弧腹，底部平。口沿施四点褐釉色彩。通体施青色泛黄釉不及底，紫褐色胎。胎釉结合较好。

21. 青瓷点彩碗

时代：东晋

尺寸：口 15.4cm　底 13.9cm　通高 6cm

金东区出土

瓷器。圆唇，弧腹，底部平微凹。内底部划圈底并留数个支点痕，口沿施三点褐釉色彩，外壁沿下饰一圈微宽带纹。通体施青色泛黄釉不及底，灰色厚胎。胎釉结合较差，外壁有剥釉现象。

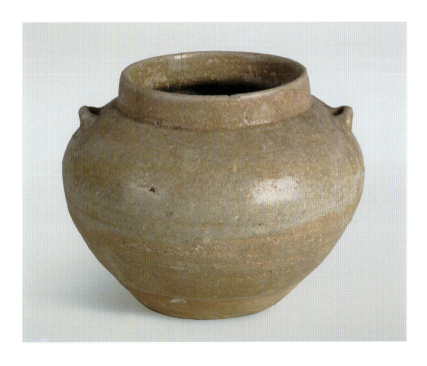

22. 青瓷双耳小罐

时代：东晋

尺寸：通高 15cm

金东区出土

瓷器。小直口，圆唇，溜肩，上腹饰一圈浅细纹，对称置横式泥条耳，鼓腹，下腹斜收至底，器内外施黄泛青釉不及底，露胎泛砖红色。胎釉结合较差，剥釉现象严重。

23. 青瓷双耳小盘口壶

时代：东晋

尺寸：通高 37cm

金东区出土

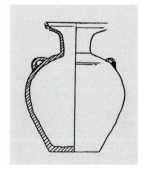

1. 青瓷双复系瓮

时代：南朝

尺寸：口 19.9cm　底 13.7cm
　　　腹 30cm　通高 28.6cm

金东区出土

瓷器。尖唇，口微敞，丰肩，腹鼓在上肩部，下弧收，平底。肩置二组对称单双系桥形纽，在纽间隔处饰波浪纹，通体施青泛黄釉，釉层均匀。胎质灰，烧结程度尚可。

2. 青瓷钵

时代：南朝

尺寸：口径 8.5cm　底 4.3cm　通高 3.8cm

金东区出土

瓷器。圆唇，敛口，深弧腹，平底。通体施青泛黄釉，缩釉，不及底，露胎泛淡灰色，器形规整。

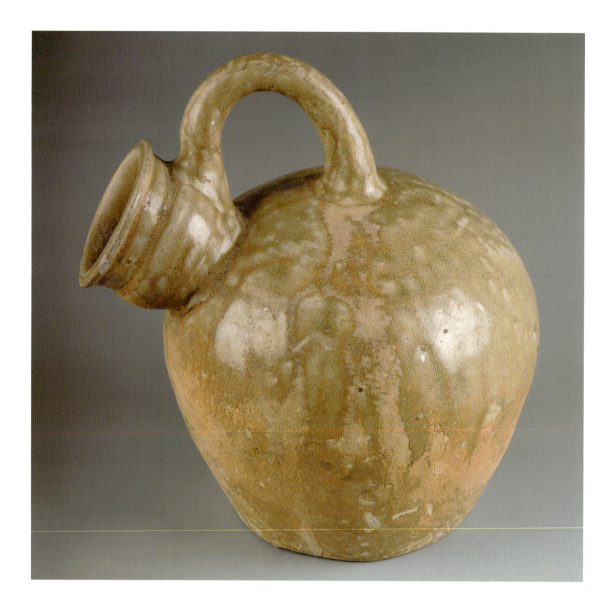

3. 青瓷虎子

时代：南朝

尺寸：口 7.4cm　底 12.1cm
　　　腹 18.4cm　通高 22.7cm

金东区出土

瓷器。圆口略大于颈，平沿折下，颈部内束后鼓出，颈与
背部用泥条塑成园状物弯成拱提梁，鼓腹抬高，内收平
底；整体施青黄釉，局部有剥釉现象，露胎处呈灰红色，
烧结程度较高，做工简约素雅。

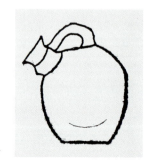

贡昌先生绘

4. 青瓷瓮

时代：南北朝

尺寸：口 24.1cm　底 13.6cm
　　　腹 38.2cm　通高 42cm

金东区出土

瓷器。折沿敛口，丰肩，整体腹鼓在上肩部，下弧收，小平底。肩置
二组对称单双系泥条纽，通体施褐釉，釉层不匀有流、缩现象。胎质
灰，烧结程度较好。

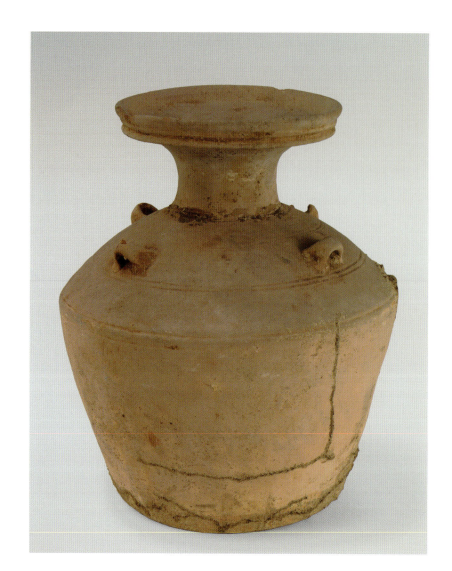

5. 青瓷盘口壶

时代：南朝

尺寸：通高 35.2cm

金东区出土

瓷器。浅盘口微敞，短颈，泥条粘横四系，肩折腹，微直内收，大平底，在沿下饰二圈深弦纹，肩下划二圈浅弦纹，外部有脱釉现象，胎釉结合差，露胎呈淡红色。器物敦厚别致。

6. 青瓷碗

时代：南朝

尺寸：口 7.8cm　底 3.5cm　通高 4.8cm

金东区出土

瓷器。直口，尖唇，深弧腹，圈足卧底。施青色泛黄釉，釉层莹润光亮。内布满冰裂纹，外部脱釉，胎釉结合差，露胎呈灰白。盛贮器，浅盘口微敞，短颈，泥条粘横四系，肩折腹，微直内收，大平底，在沿下饰二圈深弦纹，肩下划二圈浅弦纹，外部有脱釉现象，胎釉结合差，露胎呈淡红色。器物敦厚别致。

7. 黑釉小盘口壶

时代：南朝

尺寸：口4.9cm 底6.7cm 腹11.2cm 通高14cm

金东区出土

瓷器。小浅盘，圆唇，盘口近直，短颈，丰肩，肩部一圈浅弦纹，并对称置单系，腹鼓最大部位在上肩，下弧收，大平底。器施黑釉，胎釉结合差，脱釉现象严重，露胎呈淡红色。

8. 黑釉瓷小碗

时代：南朝

尺寸：通高 5.6cm

金东区出土

瓷器。直口，圆唇，弧腹，平底。施深褐釉，釉层不均，外部有脱釉现象，露胎呈砖红色。

9. 青瓷钵

时代：南北朝

尺寸：口 12.9cm　底 9.2cm　通高 6.8cm

金东区出土

瓷器。圆唇，微敞口，口沿饰弦纹一圈，深弧腹，平底假圈足。通体施化妆土及黄泛青釉，底部无釉，胎质厚，露胎呈泛灰色。

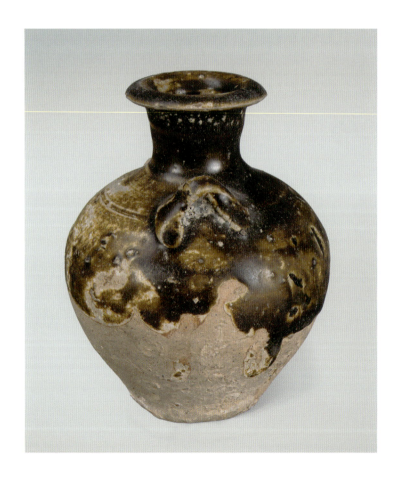

10. 双耳小罐

时代：南朝

尺寸：口 4.6cm　底 4.9cm
　　　腹 9.2cm　通高 10.8cm

金东区出土

瓷器。敞口，口沿外翻，矮束颈，溜肩，肩腹部施一道弦纹，腹弧，小平底。肩部置泥条横折纽，施半釉，呈褐黄釉，胎质泛白灰色。釉厚处有流、缩现象。

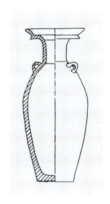

1. 双系盘口壶

时代：隋朝

尺寸：口 14.5cm　底 11.0cm
　　　腹 10.2cm　通高 31.6cm

金东区出土

瓷器。大浅盘、唇外折、颈呈喇叭状，颈肩束，圆溜肩、上肩部对称饰双复泥条竖纽，椭圆腹，大平底。通体施釉，外壁施青褐釉至腹中部，局部有脱釉现象。该器工艺规整，手工拉坯痕迹明显。

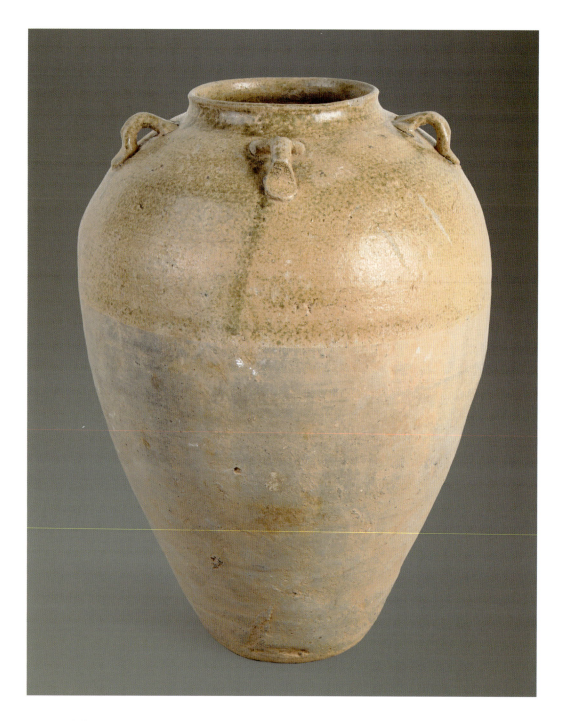

2. 青瓷四系罐

时代：隋朝

尺寸：通高 39cm

金东区出土

瓷器。圆唇，侈口，短颈，肩部均匀置单系泥条竖纽，斜弧腹，腹鼓处在上部，平底。外壁施青黄釉至半，胎釉结合致密。

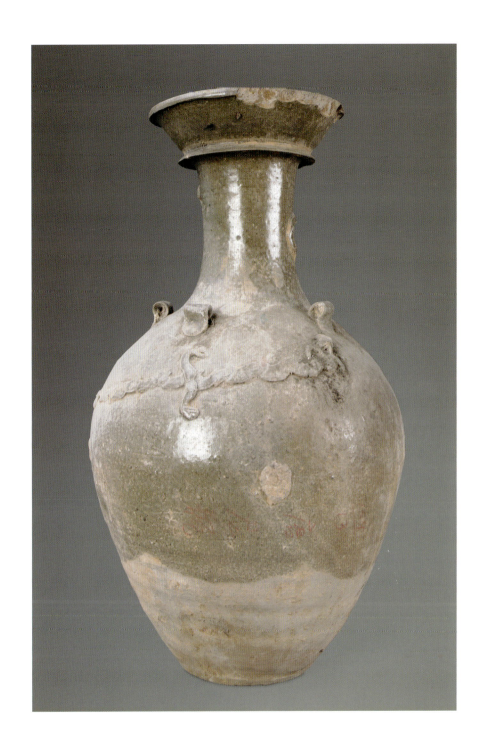

3. 青瓷大盘口壶

时代: 初唐

尺寸: 口 15.3cm　底 11.3cm
　　　腹 28.9cm　通高 44.1cm

金东区出土

瓷器。器形敞口、浅折盘、卷唇外
折、颈长略束，圆溜肩、上肩部对称
饰四只泥条扁纽，鼓腹，内斜收，平
底，在上腹部粘塑一条装饰卷伏龙，
工艺上呈现转轮拉坯痕迹明显。通体
施青黄釉，釉色莹润，玻璃质感较
强，施釉不及底，底部露胎呈浅灰
色，胎釉结合紧密，坚硬细腻。

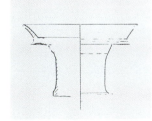

局部

4. 青瓷双复系蟠龙盘口瓶

时代：唐

尺寸：口 16.8cm　底 12cm
　　　腹 29.5cm　通高 45.1cm

金东区出土

瓷器。大型龙瓶，盘口，呈喇叭状，盘沿下微凹，弧颈微束，中部弦纹一道，肩部置四只双复系钮，上腹部圆鼓处凸出，下腹弧内收平底，整体施泛黄釉，不及底，露胎呈褐灰，器形大方，美观，集塑雕釉色、胎料、温度等工艺一体，是婺窑代表的重器作品。国家三级文物。

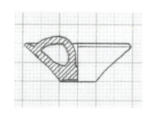

5. 青瓷灯盏

时代：唐

尺寸：通高 6.5cm

金东区出土

灯盏。源于早期人类火的发明与照明，是人类将实用与审美的完美成果的事例。呈斗笠形，圆唇外微卷，口敞，斜腹内收，平底。内腹壁至底置泥条拱形提梁。施黄釉，胎质坚。器形规整、精湛、素雅。

6. 褐釉青瓷碗

时代：唐

尺寸：口 18cm　通高 5cm

2010 年在金东出土

瓷器。器身敞口，弧腹，平底，圈下留下泥支烧痕。

内外通体施釉，均匀莹润，褐釉色。

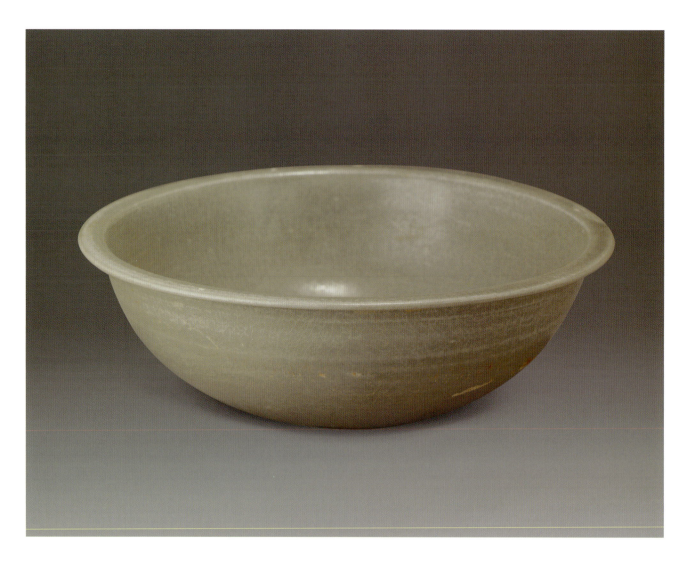

7. 青瓷大碗

时代：唐

尺寸：口 21.8cm　底 7.5cm　通高 7cm

金东区出土

瓷器。敞口，平唇外撇，弧腹，圜底。通体施青黄釉，釉色莹润，玻璃质感较强，露胎呈浅褐色，胎釉结合紧密，坚硬细腻。器形规整、雅致，这一时期婺州在制瓷业的施釉方式和瓷器工艺上有所改进，使质量到完美程度。唐代陆羽在《茶经》中对瓷器的评价"越州上、鼎州次、婺州次……"，并一直延续到宋。

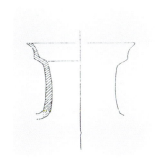

局部

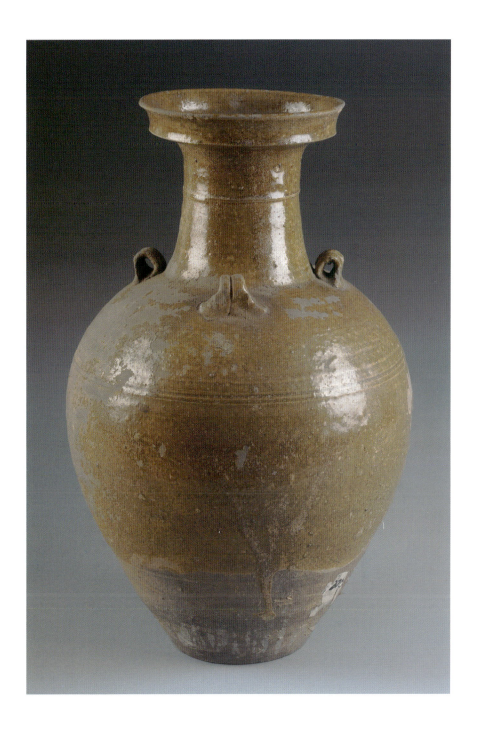

8. 青瓷双复系盘口壶

时代：唐

尺寸：口 16.8cm　底 12cm
　　　腹 29.5cm　通高 45.5cm

1960 年金东曹宅梅西塘出土

瓷器。此类大器形是婺州窑著名器
物之一。大浅盘，圆唇，喇叭口长
颈、颈部饰一条凸弦纹，肩置双系
四纽，鼓腹，腹间饰数条隐形圈纹
线，腹部显宽大，平底微凹。施釉
不及底，釉为深黄色，胎质结密程
度高呈灰褐。壶器雍容大气，釉玻
质亮润，艺术感染力强。

9. 青瓷四系盘口龙瓶

时代：唐

尺寸：口 19cm

　　　底 12cm

　　　腹 29cm

　　　通高 49cm

1972 年曹宅出土

瓷器。此类器形较大，大浅盘，圆唇，喇叭口长颈，颈肩部置扁四纽，鼓腹，腹径高宽大、颈腹间饰粘塑盘龙，平底。施釉不及底，釉为青黄色，胎质结密程度高、呈灰黄。

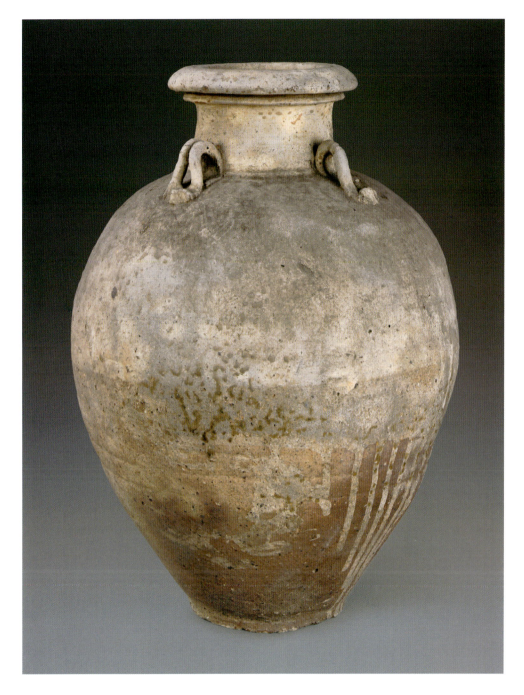

10. 青瓷双复四系瓶

时代：唐

尺寸：口 13.6cm   底 12cm

　　　腹 29cm   通高 39.2cm

金东区出土

瓷器。瓶器丰满，口径较小，唇外卷，细颈，颈肩部置四只竖形泥条双纽，溜肩，腹径鼓，小平底。施化妆土及泛黄釉，不及底。胎质呈灰褐，烧结程度高。

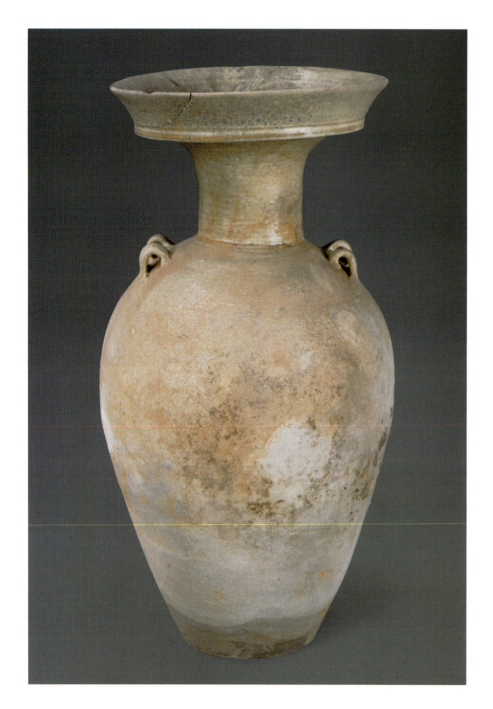
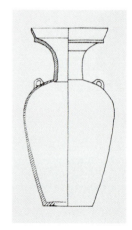

11. 青瓷盘口壶

时代：唐

尺寸：通高 40cm

金东区出土

瓷器。敞口，浅盘近与腹径宽度，喇叭形细颈，肩部置竖式双系，溜肩，橄榄腹，平底。施化妆土及青泛黄釉、不及底，胎质呈灰褐。该器形制俊秀，富有特色。

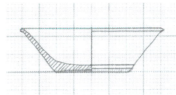

12. 青瓷碗

时代：唐

尺寸：口 20.2cm　底 11.5cm　通高 5.4cm

金东区出土

瓷器。碗亦名"盌"，饮食器。在金东区出土的标本中数量极多。该件碗圆唇，口沿略外翻，敞口，斜直壁，盘心支烧痕，玉璧足，沿边划饰一周弦纹，施青绿釉不及底，露胎部分呈灰褐色。

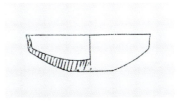

13. 青瓷碗

时代：唐

尺寸：通高 5.1cm

金东区出土

瓷器。圆唇敛口，斜曲腹，平底。灰胎，胎质致密度较好，青黄薄釉，内满釉，外壁剥釉严重。

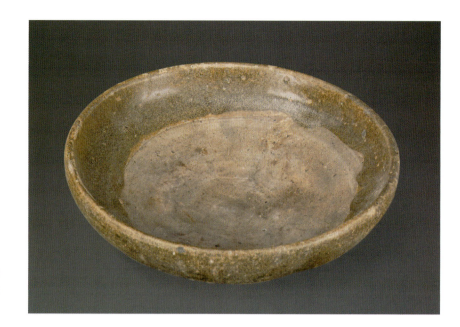

14. 青瓷碗

时代：唐

尺寸：口 9.3cm　底 7cm　通高 4.4cm

金东区出土

瓷器。圆唇敛口，斜直腹，平底。黄褐釉，内施半釉，外壁施釉不及底，露灰褐胎，胎质较厚，细密度坚致。

15. 陶质男侍俑

时代：唐

尺寸：通高 24cm

金东区出土

瓷器。白黏土胎，低首下心，头髻，丰脸，大眼、高鼻、阔嘴紧抿，着涂橘红彩釉团领袖袍，腰束带，下着裤靴，施拱手礼，立于方形底板上，出土时其他部分釉彩仍可见。

16. 青瓷褐彩碗

时代：唐

尺寸：口 14.1cm　底 8cm　通高 4.9cm

金东区出土

瓷器。口近直，圆唇，腹较深，下腹斜收，平底略内凹。内施半釉，外釉色青黄不及底，外壁饰褐色条彩。胎质硬，呈灰红色。

17. 青白瓷吐盂

时代：唐

尺寸：通高 13cm

2010 年金东戴店出土

瓷器。圆唇，敞口，大盘沿，微弧收，束颈，圆球鼓，折收底，圈足。通体施釉淡青白，胎质偏灰白，纯净且坚密。胎釉结合好，釉面净、素、雅，属定窑产品。

18. 青瓷四系瓶

时代：唐

尺寸：通高 34cm

2017 年省考古所在多湖工地出土

婺州窑瓷。圆唇，束颈，丰肩，鼓腹至上部，下内收平底。肩颈饰四
个对称的泥条系，灰胎，施半釉，釉呈黄褐色，胎质致密。

19. 青瓷洗（残）

时代：唐

尺寸：通高 25cm

金东区出土

瓷器。敛口，唇微向外卷，束颈，鼓腹在上部，小平底。外壁腹下施一道弦纹。通体施釉但不及底，釉为淡青灰，釉层均匀，色泽细腻、柔润。胎质呈浅灰，火候较高、致密。

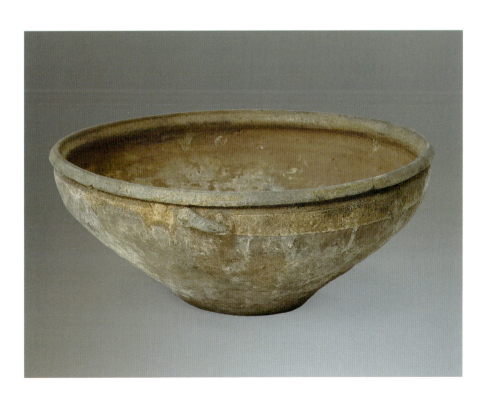

20. 青瓷盆

时代：唐

尺寸：口 31.6cm

底 11.4cm

通高 25cm

金东区多湖街道孟宅村缸窑旧址出土（王宅埠王礼成 2022 年捐献）

瓷器。器型较丰，圆唇外卷，腹上部置三只泥条纽，腹下斜收，小平底，胎釉结合不致密。

21. "杨雀衔环" 花鸟铜镜

时代：唐

尺寸：直径 21.6cm

金东区出土

青铜。圆形，小圆钮。钮外纹饰列内外区，近钮处以三雀，头朝外，展翅飞翔，其间点缀三朵花卉，外区为六簇花枝、枝叶茂盛。缘较窄。

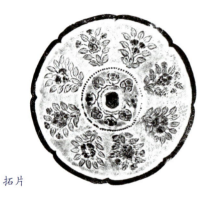

拓片

22. 六簇花卉铜镜

时代: 唐

尺寸: 直径 18.9cm

金东区出土

青铜。圆形, 小圆钮, 圆钮座, 钮外枝连出六朵花蕊, 处一周串珠纹。区内饰六簇折技花卉相间环列, 寓意祥瑞结彩。镜质黑亮氧化层, 温润、素缘窄。

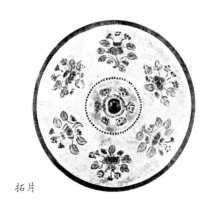

拓片

23. 宝相花纹葵花铜镜

时代：晚唐

尺寸：直径 20.5cm

金东区出土

青铜。六出葵花形，圆钮，串珠纹钮座，座外饰一周花瓣纹环
列组成，区内饰六簇二种不同宝相花朵配列环绕成团花纹饰，
素缘窄沿。此镜端庄素雅、美观。

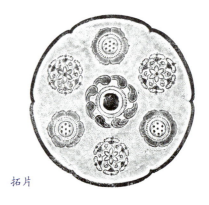

拓片

24. 丹凤铜镜

时代：晚唐

尺寸：直径 17.2cm

金东区征集

瓷器。圆形，小圆钮，素圈钮座，钮外一丹凤展开双翼，回首
作梳理羽毛状，仪态生动，丰润，活跃。缘沿窄。

1. 青瓷折沿盏

时代：五代

尺寸：口 12cm　底 7.8cm　通高 3.5cm

金东区出土

瓷器。斜折外沿，敞口，弧腹，矮圈足微外撇，通体通
施青黄釉，灰胎质，器形巧作，美观大方。

2. 白釉瓷碗

时代：五代

尺寸：通高 6.1cm

2010 年金东区出土

瓷器。圆唇，卷沿，敞口，弧腹，圈足微内凹。灰白胎质，通体施釉白中泛青，胎釉结合相当密致，釉润光亮，在以前考古中所发现的德州窑产品较为少见，代表该时期较高水平。

3. 葵形高腹足碗

时代：五代

尺寸：通高 9cm

金东区出土

瓷器。圆唇，六瓣葵形喇叭口，弧腹微折，外壁周圈下压六条凹痕，高圈足外撇，足端中空，通体施釉至足端，釉层薄青泛黄，胎釉结合密致，厚胎，露胎部分呈灰质，造型别致。

4. 杯托

时代：五代

尺寸：口 13.3cm　底 8.4cm　托 5.3cm　通高 4cm

金东区出土

瓷器。器物分内外二部分。外层浅盘口，平宽沿，敞口，折腹，微圈足，内层托盘中心置托台，中间与外层粘连，高于盘口。通体施青中泛灰釉，至足端，灰胎质。工艺新颖，大方。

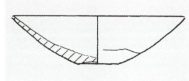

5. 青瓷碗

时代：五代

尺寸：通高 7cm

金东区出土

瓷器。敞口，折沿，弧腹，平足，厚胎，灰釉，内施满釉，外至沿腹不及底，露胎部分呈褐质。

6. 花鸟铜镜

时代：五代

尺寸：直径18cm

金东区出土

铜器。圆形，小圆钮，纹饰分置三列，近钮处为飞蝶四只各朝
方向，头向外，中间饰四簇花枝，外围绕花儿的是四雀展翅飞
翔，素平缘，纹饰美轮美奂，别具一格。

7. 三彩马

时代：五代

尺寸：通高 28cm

金东区出土

陶器。白陶，体内中空，四肢蹄直立在方形平托板座之上。形态精神，头部低垂竖耳，马嘴微张，脖颈上方似披鬃须痕，背上有鞍鞯，鞍上置鞍袱，粗短尾。器面施白色陶衣，釉色已全部剥落，胎质烧结程度较高。

8. 镇墓兽

时代：五代

尺寸：通高 42.3cm

金东区出土

陶器。造型为怪兽伏，面昂左侧，龇牙抿嘴，面目狰狞，头顶竖有两只龙角，角后边有饰火焰状，两肩翘翼，右臂高举猛抓趾弓之力，左臂蛇绕前撑，整体踞蹲山形高崖之上，威风凛凛。器面施白色陶衣，釉色已剥落，红陶胎质，泥面呈严重风化状态。

9. 源东陶双龙

时代：五代

尺寸：通长 29.5cm

金东区出土

灰陶。神龙合体，首部均现头与尾，两头部各置朝向似东或
北，嘴须翘首，眼凸，耳竖。躯体呈山角形，身上指甲印为麟
纹。其中首、眼、口、麟与尾刻划线条清晰。

10

10. 陶俑之一

时代：五代

尺寸：通高 23.1cm

金东区出土

灰陶。青年男俑，头高昂，戴幞巾，五官清晰，面容瘦，身着长袖大衣，双手拱于胸前，衣褶线条自然。俑背面平中空，泥胎质烧结程度较高。

11. 陶俑之二

时代：五代

尺寸：通高 24.2cm

金东区出土

灰陶。胡人造型，头高昂略前倾，戴方廓帽，高鼻大嘴，大络腮胡须，身着长袖大衣，双手拱于胸前，俑背面平中空，泥胎质烧结程度较高。

11

12. 陶俑之三

时代：五代

尺寸：通高 25.5cm

金东区出土

灰陶。男俑，五官清晰，头戴方廓帽，双目前视，面部高鼻眠嘴，双手合抱于胸前，身穿及地大衣，俑背面平中空，泥胎质烧结程度较高。

12

13. 三彩釉陶马

时代：五代

尺寸：通高 28.9cm

金东区出土

陶器。体态骏朗，马首高昂竖耳，头小颈长，略偏左侧，无缨饰，背上有鞍鞯，鞯作桥形。脖颈鬃毛竖发，臀部短尾飘然，胸前及臀部辔饰微凸，用绿色釉勾彩，其他部位釉彩无存。体内中空，四肢蹄立于长方形平托板上。陶胎质呈白色，细腻。

14. 葵花铜镜

时代：五代初

金东区出土

铜器。于 2010 年出土时未被清理前的现状照片，镜面包裹纱布，直径约 21 厘米，虽裂为两半，但器物基本保存完整。

1. 异形铜镜

时代：北宋

尺寸：直径约10cm

金东区（2022年新安村官田山花心穴考古工地）出土

铜器。该件器物以宝相花葵式铜镜为饰件，裁取近二分之一镜面进行
制作成品，异形铜镜丰富了金东文物考古的研究内容。

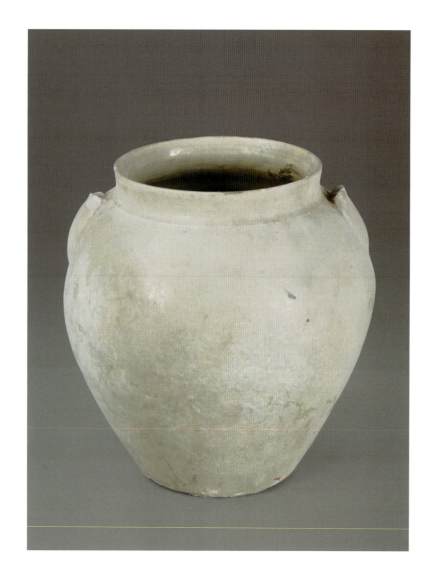

2. 双系青瓷罐

时代：北宋

尺寸：通高 28cm

金东区出土

瓷器。敞口，尖唇，唇面内斜，折肩，上腹部对称置纽（纽耳残），弧腹，平底。通体施青灰釉，灰胎质细腻。

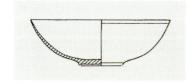

3. 青瓷碗

时代：北宋

尺寸：口 14.9cm　底 5.6cm　通高 4.2cm

金东区出土

瓷器。圆唇，敞口，斜直腹，平底圈足内凹。内底心有六点支烧痕，通体施青泛灰釉，釉润清心，胎质细腻色略灰，胎釉致密，婺窑精作之一。

4. 青瓷瓶

时代：北宋

尺寸：口 7.4cm　底 7cm
　　　　腹 13cm　通高 20cm

金东区出土

瓷器。直口微敞，圆唇，短颈，略折肩，肩部对称设
泥条纽，深弧腹，平底，施淡青黄薄釉不及底，露胎
呈灰质。

5. 青瓷水盂

时代：北宋

尺寸：通高 7.2cm

金东区出土

瓷器。水盂又名水中丞，即实用又为观赏品属文房用
器，金东区域内普遍流行。口侈，鼓腹，腹弧收至平
底，通体施黑褐釉，不及底，胎呈灰质。器体上下黏
合的手工痕迹明显，形饰精致美观。

6. 四系瓶

时代：北宋

尺寸：通高 21.1cm

金东区出土

瓷器。金东区域内在两宋后普遍流行的器物之一。圆唇，沿外卷，短束
颈，丰肩，在肩部饰三角形泥条四系纽，鼓腹，最大腹径在于上部，下
腹斜收，平底。通体有转轮拉坯痕，釉色青黄，胎釉结合不致密，釉面
剥落严重，露胎呈灰黄质。

7. 白瓷粉盒

时代：北宋

尺寸：口 5.2cm　底 4.2cm　通高 6cm

金东区出土

瓷器。白瓷，带盖。子母口，器形扁圆而宽。盖面内沿尖圆唇微敛，顶部略向上凸起。盒内折沿，浅斜腹，圈足，底微凹。施满釉，白釉微泛灰，亮润，足端底侧刮釉，子母口无釉，白胎质细腻莹润，文房精品。

8. "吴牛喘月七星纹" 执手镜

时代：北宋

尺寸：直径 14.5cm　直柄长 26.7cm

金东区出土

铜器。圆形，执手柄，素窄卷缘，分两区以一凸弦纹为隔，中区满饰海浪波滚，一港又一浪，下部波浪边小洲边一头卧牛气喘吁吁仰望星空，天空云中七星伴月，西周·尹喜《关尹子·五鉴》："譬如犀牛望月，月形入角，特因识生，始有月形，而彼真月，初不在角" 寓意长久盼望。另有一说《庄子·逍遥游》"今夫犁牛，其大若垂天之云。此能为大矣，而不能执鼠……"借犀牛通神灵的传说，暗指道学通天彻地的智慧，是世俗学说不能企及的。

9. 龟鹤齐寿图镜

时代：北宋
尺寸：直径 19.5cm
金东区出土

铜器。七瓣棱花形，背面边缘凸出起带纹线，中银锭钮，右侧坐像一
尊，头带宝冠，背影圆光，左侧树下一童女，双手托盘，盘中仙桃，
立于竹下，上部仙鹤展翅翱翔，下部山涧草石中灵龟抬首听道，寓意
长寿延年，是金东在宋代民间流传镜品。

拓片

10. 金质錾花园形挂坠

时代：宋

尺寸：直径约 2cm

金东区曹宅（2022 年 1 月金华理工大学考古工地）
出土

金质，圆形，整体錾花纹饰，上部设圆小凸口，整体
美观大方。

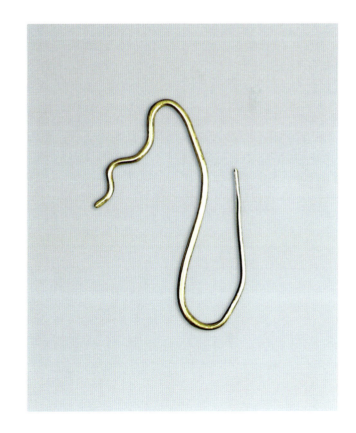

11. 金质耳环

时代：宋

金东区曹宅（2022 年 1 月金华理工大学考古工地）
出土

12. 水晶水滴形项链饰品

时代：宋

2022 年 1 月金东区曹宅出土

水晶，水滴形，白色，晶莹透明，出土约三十二枚。是至今为
止南方宋墓中出土最多的水晶制品。

13. 水晶龟形扣饰件

时代：宋

尺寸：约 1.5cm

金东区曹宅（2022 年 1 月金华理工大学考古工地）出土

水晶，龟形，白色晶体，背部呈龟甲纹饰、形象生动可爱，在
浙江省考古中首次出土，共四枚。

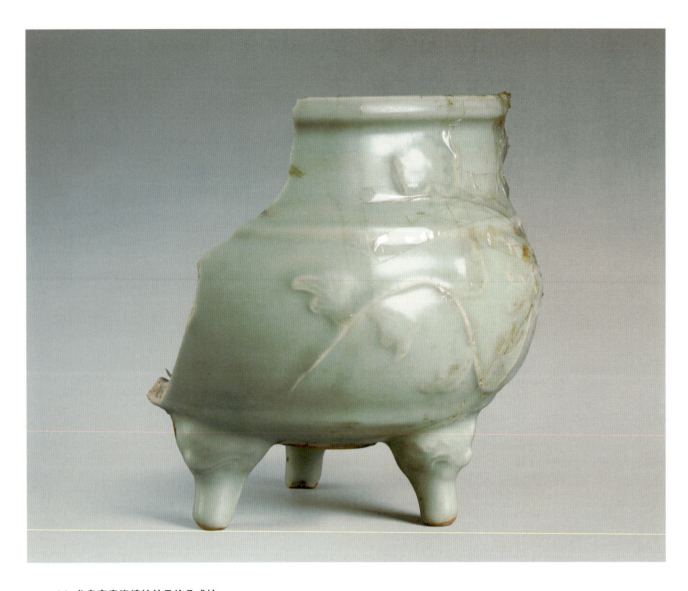

14. 龙泉窑青瓷缠枝牡丹纹鼎式炉

时代：南宋

尺寸：残高 19.8cm

1982 年金东畈田蒋村出土

龙泉窑青瓷。平口沿、矮颈，鼓腹上下饰弦纹，中部由三簇帖花缠枝牡丹花、叶随波浪为形饰，图案线条柔和、优美。腹下支三足、圆微凸，器底中部开圆流口，通体施满青绿厚釉，白灰胎质，具有史料性的代表器。国家一级文物。

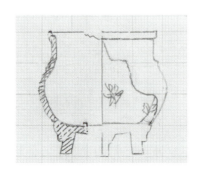

15. 镶金如意形料杯

时代：宋

尺寸：长 8.7cm　宽 7.2cm　通高 1.6cm

2004 年金东区陶朱路村出土

料器。器呈如意头状，折沿，圜底。口沿镶扣有金质镂孔錾花卷草珠
点纹，椭圆形浅盘表面光滑。内底略平，受沁色灰，其为茶具闻香杯。
国家一级文物。

16. 黑釉扣银瓷斗茶大碗

时代：宋

尺寸：口径残 21.6cm　通高 7.8cm

2004 年金东区陶朱路村出土

瓷器。敞口，折沿。边唇略外撇，斜弧腹，浅圈足。口沿扣银皮，已脱落。釉层饱满，乌黑发亮，底露胎，呈浅褐色。国家一级文物。

17. 葵式扣金料盘

时代：宋

尺寸：口 17cm　通高 2.2cm

2004 年金东区陶朱路村出土

料器。器呈八出葵花形，折沿。浅折腹，下收为平底。浅盘，棱线分明，中微隆。口沿扣金，出土时因水沁严重而局部脱落，整器质料呈钙化状。为奉茶之器。国家一级文物。

18. 马蹄形歙砚

时代：宋

尺寸：直径 17.3cm　厚 3cm

2004 年金东区陶朱路村出土

石质。圆形，宽边，中间圆凸之磨墨台，砚边与磨墨台间雕凿成一圈凹槽，一侧略大，呈月牙形墨池。平底。整器青灰色，质地细腻。国家一级文物。

19. 黑釉扣银瓷质斗茶碗

时代：南宋

尺寸：口 12.6cm 通高 4.5cm

2004 年金东区陶朱路村出土

瓷器。呈斗笠形，敞口，折沿，薄唇，斜直壁，浅圈足。口沿扣银皮。胎体较薄，釉层乌黑毫线明显，施釉不及底。直径 12.67 厘米、高 4.5 厘米。这组小茶盏应是典型的宋代斗茶之具。斗茶又称茶百戏或汤戏，是沏茶过程中的技艺游戏。宋代斗茶之风盛行，以黑瓷茶盏为最适宜之器具。国家二级文物。

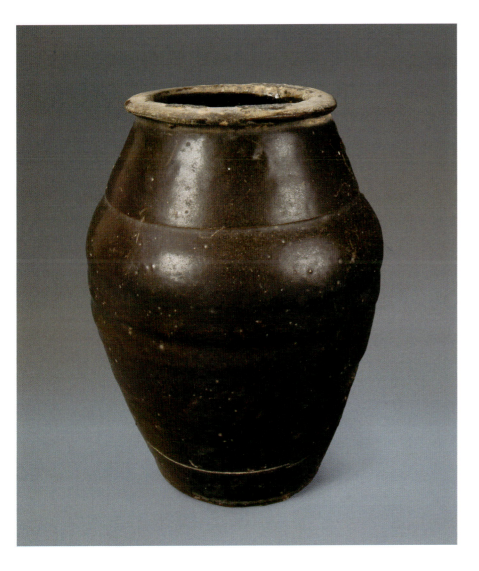

20. 褐釉瓷瓶

时代：南宋

尺寸：口 10cm 底 8cm
　　　腹 18.5cm 通高 22cm

金东区出土

瓷器。平口，溜肩，微鼓腹，腹部下内收，平底。施褐釉，灰胎。器形分二次合成，手工轮制拉坯痕迹明显，婺州窑又一项产品，其胎釉器结合程度高。

21. 黑釉扣银瓷斗笠碗

时代：南宋

尺寸：直径 21.6cm　高 4.5cm

2013 年 7 月金东陶朱路出土

瓷器。呈斗笠形，敞口，折沿，薄唇，斜直壁，浅圈
足。口沿扣银皮。胎体较薄，施釉不及底。

22. 扣金料托

时代：南宋

尺寸：直径 4.7cm　高约 1cm

2013 年 7 月金东陶朱路出土

料器。葵形六瓣式。折沿，扣金。浅腹，圜底。内壁
浅弧，是承载茶杯的主要器具。

23. 圆型"卍"字薰炉

时代：南宋

尺寸：直径 12.7cm　通高 7.7cm

2013 年 7 月金东陶朱路出土

铜器。平面圆形。上部暖台为平面，中间镂一万字
纹。炉体直腹，平底，下饰云纹三足。

24. 海棠如意形佩

时代：南宋

尺寸：宽 8cm　高 6cm　厚 0.5cm

2013 年 7 月金东陶朱路出土

残玉佩。通体扁平呈海棠如意形佩、较薄；外环边沿
口修琢成圆角，内圈缘壁平、略厚、稍加修饰。正面
宽沿上略微凸出、雕琢出二簇龙纹及云花图案，出土
时已断成三节（缺一小段）。该玉质由于入土时间较
长，受沁严重钙化、质地松软，

25. 堆塑褐釉龙瓶

时代：南宋

尺寸：口 10.5cm　底 11cm　残高 36.7cm

金东区出土

瓷器。浅盘，平沿，颈束，溜肩。橄榄腹，平底。在颈肩上腹间堆塑云火升龙图案，富有立体感。通体施褐釉不及底，釉层厚薄不均，胎质浅褐。金东区域内在两宋后普遍流行器物之一。

26. 青瓷有盖粉盒

时代：南宋
尺寸：通高 5.5cm
金东区低田出土

瓷器。子母口，浅腹壁，圈足。盖面拱起，并划出数道粗弦纹，盒边缘折一周线为饰。器壁呈现满釉，泛青色有开片，温润，胎灰白细腻。具有金东地域特色的婺州窑产品。

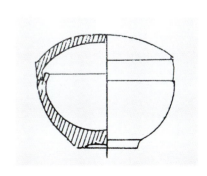

27. 褐釉瓷堆塑瓶

时代：南宋

尺寸：口 8.8cm　底 12.1cm

　　　腹 19.4cm　通高 27.5cm

金东区出土

瓷器。圆唇，平口，束颈，肩腹部满饰堆塑祭祀活动场景，腹下素面内收，大平底。施褐釉不及底，胎质砖红色。金东区域内在两宋时普遍流行器物之一。

28. 褐釉瓷有盖多角瓶

时代：南宋

尺寸：口 6.5cm　底 7.8cm　残高 20cm

金东区出土

瓷器。盖呈斗笠形，宽缘沿，顶部凸作鹤首纽。瓶体方唇，平口，斜肩；直筒腹饰五层凹凸圈，每层作尖角鹰嘴交错排列，平底。施褐釉，釉层不均，胎釉结合差，胎质灰红色。金东区域内在两宋普遍流行器物之一。

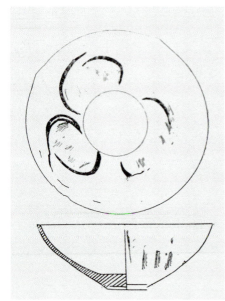

29. 青瓷褐釉刻花碗

时代：南宋

尺寸：口 13.7cm　底 6cm　残高 4cm

金东区出土

瓷器。敞口，圆唇，内浅刻纹线，底圈下凹，浅弧腹，外腹壁刻花卉纹，圈足。通体施褐泛黄釉，釉彩均匀，露胎呈灰红色。

30. 青瓷碗

时代：南宋

尺寸：口 11.5cm　底 5cm　通高 4.7cm

金东区出土

瓷器。敞口，尖唇沿外翻，浅弧腹，内沿下置一周凹纹线，底心缘外浅刻宽带纹圈，小圈足。通体施青灰釉，釉开片，除内底宽带及圈足底无釉，露胎呈灰色。

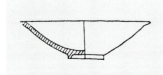

31. 堆塑龙瓶（口残）

时代：南宋

尺寸：口 8.2cm　底 13.2cm　通高 27cm

金东区出土

瓷器。口颈残，溜肩，鼓腹，腹部下内收，大平底。施褐釉不及底，在颈肩上腹堆塑龙戏珠图案。施褐釉不及底，胎质呈浅褐。

32. 青瓷黑釉斗笠碗

时代：南宋

尺寸：口 11cm　底 3.6cm　通高 5.9cm

金东区出土

瓷器。斗笠碗，口敞，圆唇，沿下微束，深斜直腹，浅挖足，修足规整。施黑釉，釉层较厚，并经高温釉变纹饰，外腹底部露胎质灰褐，质坚硬，胎釉结合好，典型婺窑产品之一。

33. 青瓷多角瓶

时代：南宋

尺寸：口 7.2cm　底 10cm　通高 27.6cm

金东区出土

瓷器。平沿，小直颈。折肩；直筒束腹呈凹凸圈，五层作尖角错落排
列，平底。施褐黄釉，釉层不均，胎质灰红色。金东区域内在两宋后
普遍流行器之一。

34.青瓷堆塑瓶

时代：南宋

尺寸：口9cm　底9.5cm　腹18cm　通高31cm

金东区出土

瓷器。由盖与瓶组合。盖圆座饰堆塑十字座上置塔顶。广口，直颈，丰肩橄榄腹，肩腹部满饰堆塑祭祀活动场景，用泥条、形、折、塑、压、黏等工艺再现人物、鸟兽、建筑、仙海云、供台等，腹下素面内收，大平底。施褐釉不及底，胎质粗呈灰色。金东区域内在两宋时普遍流行器物之一。

 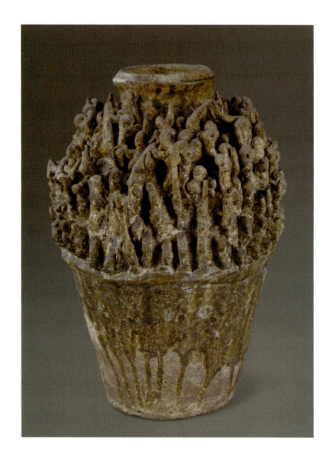

35. 陶扑满

时代：南宋

尺寸：底 8cm　通高 13cm

金东区出土

陶器。扑满，贮钱罐。在汉时刘歆《西京杂记》著文："扑满者，以土为器，以蓄钱具，其有入窍而无出窍，满则扑之"，宋代诗人范成大《催租行》写道："床头悭囊大如拳，扑破正有三百钱"的记载，至今完整的扑满存量较少。陶质，圆体，器物顶上置宝珠钮，肩腹上部饰一小圆孔，深腹，最大径在腹上部，下斜收，平底。胎体为砖红色，腹部明显有接胎痕，包括器体上的拉坯痕迹；质粗而坚，属婺州窑艺术品。扑满是古代劳动人民勤俭、节约优良品质的见证物，金东区域内在两宋时流行器物之一。

36. 堆塑人物瓶

时代：南宋

尺寸：口 8.6cm　底 12.2cm　腹 23.2cm　通高 30cm

金东区出土

瓷器。尖唇外斜，颈微束，橄榄腹，肩腹部用泥条饰形态，工艺上从塑、压、黏等技术，再现人物、鸟兽、云等满饰堆塑人间仙境场景，腹下素面内收，大平底。器物上先施化妆土及青黄釉，不及底，有流釉现象，胎质粗呈灰褐色。

37. 青瓷堆塑塔式有盖罐

时代：南宋

尺寸：通高 52cm

金东区出土

瓷器。仿塔式形。盖与罐两部分组
合，盖呈圆顶形，中部饰宝顶葫芦，
周围上下粘塑泥条云，屋面置五条
垂脊，沿口施水波纹。罐为圆鼓状，
折沿唇，鼓腹，外腹圆壁上竖粘塑
六根泥条人、云等装饰，平底。施
褐釉，胎釉结合差，有缩结釉在器
胎上出现，胎质灰红色。形制规矩，
庄重。

38. 南宋郑刚中墓出土文物（选）

2007年浙江省文物考古所牵头对曹宅镇郭门村南宋郑刚中墓进行抢救性考古挖掘，由于历次多被盗挖过，遗存下来的随葬品极少；经现场清理出土文物约8件，以及墓志、石像生、花纹砖等。

墓志铭拓片

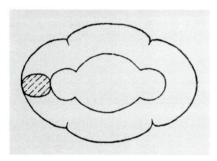

39. 玉绦环

时代：南宋

尺寸：长6.4cm　宽4.1cm　厚0.9cm

金东区郑刚中墓出土之一

玉器。M1，青白玉质，圆料呈椭圆形，上下各施两道凹弧。

40. 金指鋌

时代：南宋

尺寸：高 1.7cm　金丝径 0.1cm

金东区郑刚中墓出土之二

金器。M2-4，纯金质，饰细圈缠（弹簧状）九丝活环，头（单绕 2 圈）与尾丝间（单绕卷 11 圈）为结，可滑动调节圈部装饰。富有指趣，美观大方。

41. 重旋纹金钗

时代：南宋

尺寸：长 6.8cm

金东区郑刚中墓出土之三

金器。M2-6，纯金质，细圆长呈"U"，前端尖角面素无痕,中部尾有制作人凿印铭文,后端股密布重旋纹。

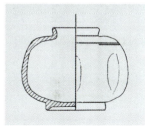

42. 青白釉瓷水盂

时代：南宋

尺寸：口 2.6cm　底 3.4cm　高约 4.4cm

金东区郑刚中墓出土之四

瓷器。M2-2 青白瓷，口微侈，圆唇，短颈，肩折腹，肩部饰宽带纹，腹饰瓜棱形，矮圈足，通体施青白釉，胎质灰白细腻。

43. 青白釉瓷粉盒

时代：南宋

尺寸：直径 5cm　高约 2.9cm

金东区郑刚中墓出土之五

瓷器。M2-5 青白瓷，带盖，子母口，盖沿圆唇折口微敛，面略平中印花卉，周覆缘浅刻菊瓣纹。盒内折尖沿，浅斜腹，外壁浅刻菊瓣纹，底微凹。施满釉不及底，青白釉微泛灰，子母口无釉，胎质灰白细腻。

44. 青瓷茶罐（鹾簋瓶）

时代：南宋

尺寸：口 5.7cm　底 6.4cm
　　　腹 11.1cm　残高 15.5cm

2013 年 7 月金东陶朱路出土文物之一

瓷器。直口，短颈，溜肩。上腹圆鼓，下腹内收。平底。施褐釉不及底，胎厚釉体结合较好。此件鹾簋瓶为茶道中盛装盐的器皿，是陆羽所列25 种茶具之一。

45. 铁剑

时代：南宋

尺寸：通长（残）85cm　身长 70cm　身肩部宽 6cm　柄长 13.3cm

2013 年 7 月金东出土

铁剑。出土时剑身锈蚀严重已断成大小不等三段，特别是正面上部、外壳镶嵌有三片银饰。用錾花工艺打制图案，线条丰满，纹饰别致而和谐，錾刻精良。装饰性强。

46. 铭文湖州镜

时代：南宋

尺寸：直径 15cm　厚 0.3cm

2013 年 7 月金东出土

铜器。圆形，边窄缘凸起、背面中置小园纽有孔，纽的左侧上角铸长方形凸边框、内直排两行楷体铭文"湖州石垚郎，真炼铜照子"。该时期的铜镜的特征是商标名号的出现，一度流行各地，镜铭多由作坊或州名及姓氏，有的还标出店家所在地，尤其是"湖州镜"最为著名，"婺州府造"也曾出土过数枚。

拓印款

47. 青瓷三足八卦炉

时代：南宋

尺寸：通高 10.5cm

1998 年金东出土

瓷器。平沿，宽唇，斜直腹，腹壁中饰二道凸宽带中为八卦纹
符号，内器底心部饰圆空，弧底带圈足，蹄状三足。通体施青
灰色釉，胎质细腻，灰白。型饰古雅敦厚，釉色润泽。

48. 八瓣棱花形铭文湖州镜

时代：南宋

尺寸：直径 11.7cm

金东区出土

铜器。八瓣棱花形，背面边缘凸出起带纹线，中置桥形小钮，一侧饰方形凸边框内直排两行铭文"湖州真石家念二叔照子"牌记。

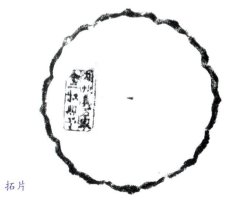

拓片

49.　"戊午年置"镜

时代：南宋

尺寸：直径 9.2cm

金东区出土

铜器。圆形，素面，饰半圆纽。背面中三竖排列楷体
铭文"戊午年置"。

50."乙卯年造"铭文镜

时代：南宋

尺寸：直径 12.2cm

金东区出土

铜器。圆形，圆纽。背面两重弦纹凸起作为装饰，并将分为内
外两区，内区圆纽边铭凸刻行楷"乙卯年造"文，外区纹饰锈
蚀严重，质地厚重。

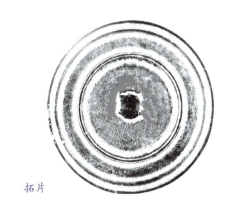

拓片

51. "湖州真石家十五叔照子"铭文方镜

时代：南宋

尺寸：直径10.7cm

金东区南宋出土

铜器。方形，小桥纽，纽右侧饰长方形边框内直排两行"湖州真石家十五叔照子"阳文，窄凸边素沿。通过这枚铜镜案例说明，商号举"真"字代表了当时制镜业的兴旺与信誉，也反映商业竞争上仿冒产品冲击市场，这种针对商品的宣传所铸上名号及"真"品的做法，代表了工匠们注重品牌的意识，这些做法也一直沿用至民国时期。

拓片

1. 乳浊釉瓷灯盏

时代：宋元

尺寸：口 11.3cm　底 5.8cm　通高 3.3cm

金东区出土

瓷器。口敞，圆唇，浅盘，外斜内收，圈足。在内腹壁及底间置泥条执手，通体施釉，经高温釉变乳浊釉，露胎处质地呈灰黄，胎较厚坚硬，胎釉结合好。国家三级文物。

2. 青釉瓷荷叶盖罐

时代：元代

尺寸：口 5.5cm　底 4.3cm
　　　腹 7.8cm　通高 7.5cm

金东区出土

瓷器。盖沿作荷叶状波折，面部隆起，作子口。罐敛口，圆唇，短颈，丰肩并饰一道折纹，腹鼓，下弧收，圈足内凹。通体施淡青釉，盖底与器圈底露胎部分不施釉（该件发现于墓底石板土层之中）。

3. 双耳酱釉罐

时代：元代

尺寸：通高 6.6cm

金东区出土

瓷器。口微撇，短束颈，平沿，圆肩并对称饰横式泥条单纽，弧腹，平底。灰胎，外施半釉，内至沿颈，釉薄呈酱褐色。

4. 乳浊釉瓷高脚杯

时代：元代

尺寸：口 10.1cm　底 5.8cm　通高 10.3cm

金东区出土

瓷器。撇口，圆唇，沿口外折，斜直腹下圆弧内收，高足呈喇叭状，器施乳浊天青釉，足部露胎呈紫色。并划有斜纹图案。

1. 景德镇祭兰釉对瓶

时代：明代

尺寸：通高 5cm

金东区东孝街道某小区施工工地出土

瓷器。一对，另一件无盖。盖，为子口，顶部凸出呈小圆纽，外施祭兰釉，内白胎。器身直口，立领，折肩，斜直腹，圈底足。底部外削刮一圈，通体施祭兰釉，至底，圈足外削露胎无釉呈白涩胎，胎釉致密，细腻。

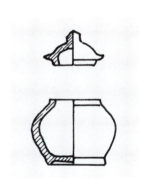

2. 青花小盖罐

时代：明代

尺寸：口 5.3cm　底 6cm
　　　腹 9.0cm　通高 9cm

金东区出土

瓷器。有盖，盖子口，顶部凸出呈小尖圆纽，外白釉施青花兰釉，内胎白。小罐圆唇，直口，折肩，圆鼓腹，下圆收直圈底足，内空平圈足。腹部施白釉，饰青花三簇枝，青泛灰，青料呈色淡雅。

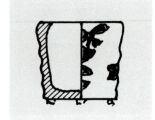

3. 青花三足香炉

时代：明代

尺寸：口 7.2cm　通高 7.1cm

金东区出土

瓷器。直筒形，圆唇，微侈口，器身上部略比底微收，整腹饰五道粗凹凸纹圈，施白釉胎，一周绘三簇青技叶瓣，底平，下置方形小足。青料呈色略显暗沉，浓淡有别。

4. 婺州窑小瓷罐

时代：明代

尺寸：通高 4.9cm

金东区多湖出土

瓷器。M41。小瓷罐，平沿，束颈，腹微鼓，腹用刀削刮一圈，下斜收，平底。内施褐釉，外施半釉褐泛青，胎厚，露胎呈砖红色。

5. 龙泉窑青瓷鼓腹瓶

时代：明代

尺寸：口 6.6cm　底 10.5cm

　　　　腹 14.4cm　通高 31.8cm

金东区出土

瓷器。平沿，方唇，直口，束颈，丰肩，长腰鼓腹，下束内收，近底处外撇，圈足底。腹鼓缠技牡丹，近底竖刻条纹状饰，通体施厚釉青泛绿，釉面开片，莹润透亮，底足露胎，胎厚呈褐泛黄。器形端庄，悦目，纹饰精美雅气。

6. 龙泉窑青瓷瓶

时代：明代

尺寸：口 4.3cm　底 4.2cm

　　　　腹 8.1cm　通高 7.9cm

2013 年金东区多湖黄泥山范氏墓出土

瓷器。直口，圆唇，丰肩，颈肩饰一圈弦纹，上腹鼓而下腹急收；底心外凸出底足露胎，色灰中泛黄，通体施青釉，釉质凝厚肥润，釉面自然开片，胎釉结合紧密。

7. 青花小罐

时代: 明代

尺寸: 口 8.9cm 底 7.3cm

　　　腹 16.0cm 通高 18.3cm

1973 年东关出土

瓷器。直口，圆唇，短颈，丰肩鼓，圈足。通体施釉绘饰青
花画，上下腹间分绘饰二块；均用浙青料画菊竹等花卉作
品，胎白中泛灰，画釉精美。

陶质大缸烧制工艺历史悠久，至今各地仍有沿袭。有五担缸，百担缸之说，烧制的原料是黄筋泥或田土白膏泥等，烧窑材料金东范围内均可采到，大量松木树和松毛枝，及部分青柴梗等窑柴料。进窑出窑一般为七天左右，古时候还需拜祭仪式。尤其是对大师缸的制作，从选泥、炼修、静养、绘刻、上釉与烧窑等项目，并在工艺中融合一定的程序"至礼""颂经""合福"等等的过程。

8. 褐釉陶质大师缸

时代：明代

金东积道山、齐云寺遗址等处

陶器。褐釉陶质大缸，子母口，口沿微凹，腹微鼓，下弧收，底部平微凹，通体施褐黄釉，周腹绘饰佛家坐像，花团草锦和动植物等为装饰。器盖部分已损毁。

9. "鸾凤和鸣" 缠枝纹执手镜

时代: 明代

尺寸: 直径 14.3cm　连柄长 26.5cm

金东某工地施工中出土

铜器。圆形, 内区饰二凤相对, 展翅, 羽翼丰满, 一凤尾羽作曼草形, 逶迤卷曲, 一凤尾羽细长而飘拂, 双凤间均有花草点缀其中, 外区宽带饰阴纹缠枝花纹, 下系执手柄, 卷缘沿。这种图案沿唐风, 宋代逐向纤丽, 追求飘逸、长生的幸福之奕。

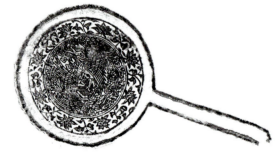

拓片

10. 青花小盖罐

尺寸：通高 7.5cm

金东区征集

瓷器。盖呈扁圆形，面略弧，下缘斜内收，平沿子母口，罐
体、直口、短颈、鼓腹、矮圈足。盖顶饰青花变形草龙交错花
瓣之中，沿颈下几簇青花纹为饰，腹部饰两条青花云龙，腾云
而至，纹饰清晰，形态刚健，器型美观。

11. 执耳炉

时代：明代

尺寸：口 8.3cm　底 10cm　通高 7.9cm

金东区出土

铜器。直口微撇，口沿两侧置过渡的两斜桥耳，扁鼓腹，下承三乳足。铜胎质，色泽深沉，文案佳器。

12. 铺首香炉

时代：明代

尺寸：口 10.8cm　底 9.3cm　通高 5.9cm

金东区出土

铜器。口沿外撇，平缘，束颈，鼓腹下垂，圈足外侈。颈腹部左右各置哺狮首耳，鬃毛卷曲。外底有"大明宣德年制"款识，造型简洁有致，意趣吉祥。

13. 曹氏铭文铜镜

时代：明代

尺寸：直径约 8.3cm

金东区出土

铜器。扁圆钮，圆线钮座。主纹区为花鸟和"曹"字，绕钮环列及四乳，栉齿纹一周。外缘双线波浪纹一周。

14. 双龙铭文铜镜

时代：明代

尺寸：直径约 10.5cm

金东区出土

铜器。圆钮，钮内区饰对称双龙，张口作回首状。外区饰两重弦纹，弦纹凸起，周圈铭文"日初生，月初盈，纎医不生，肖兹万形，是日樱宁，莹庨大清，玄卿"篆字。

15. 素面纽铭"陈坤子造"镜

时代：明代

尺寸：直径约 10cm　缘厚 0.3cm

2017 年多湖出土

铜器。M13 铜镜 2-1。圆平钮，中铸有印"陈坤子造"四字铭文，素面抛光较清。

16. 铭文"君辅""湖州口家造"铜镜

时代：明仿

尺寸：直径 9.9cm　连柄长 19.3cm

金东区某工地出土

铜器。圆面执手铭文镜。圆纽，区内宽带纹，周圈饰吉祥物及铭文上"君"下"辅"，素宽带缘。执手柄凹槽下角长方形框内竖一行字"湖州口家造"。

17. "岁寒三友"执手铜镜（残）

时代：明

尺寸：直径约 14.5cm

金东区出土

铜器。该镜以梅、松、石为主题，寓意丰富。梅，傲骨迎风，耐寒开放；松，姿态挺拔，枝繁叶茂，郁郁葱葱；石，象征着青春常在，坚强不屈。梅、松、石是国人儒学文化思想的代表之一，是匠人常用选题作品，其境界工艺突出，画面精美、高雅。

18. "天下一菊田美作乎" 带柄铜镜

时代：明仿

尺寸：直径 15cm

金东区征集

铜器。圆形执柄（柄缺失），内区饰一幅
趣味生动的柳塘瑞禽图，中列铭文"天下
一菊田美作乎"，外缘小宽沿，正缘下置
柄。铜质。

19. 七乳铜镜

时代：明仿汉

尺寸：直径 10.715cm

金东区征集

铜器。圆形，圆纽座，纽座外凸边圈及栉齿
纹，区内置七乳丁及六只禽鸟环列啼鸣，
并饰铭文印"薛思溪造"，外圈锯齿纹，
镜缘由二双带圈和波浪组成。

20. 葵形铜镜

时代：明仿汉

尺寸：直径 11.6cm

金东区出土

铜器。圆形，太极纽座，纽座外双凸边圈及云纹线画，区内置双锯齿圈及弦纹并饰铭文一周，镜凸缘十五出葵形。

21. "李"字四乳规矩铜镜

时代：明仿汉

尺寸：直径 9.3cm

金东区出土

铜器。圆形，圆纽座，纽座外双线方格，方格外四角对应为四枚圆座乳丁，乳丁间饰四瑞兽，右中饰凸边圈铭文印"李"，外一周为短直线，沿缘置二周宽圈内饰波浪等组成。

22. 青田玉镂雕花卉缠枝洗

时代：明代

尺寸：通高 8cm

金东区征集

青田玉。器身洗敞口，弧腹圈底，周饰镂雕花卉缠枝，工艺独特，形神趣意，文案精品。

23. 双耳玉杯

时代：明代

尺寸：通高 6.2cm

金东区征集

和田玉。圆唇，敞口，沿下束腹微鼓，沿口至腹中对称置龙形耳，下收至圈足，玉质灰白，构思巧妙，茗茶雅品。

24. 双耳柄鼓钉玉杯

时代：明代

尺寸：通高 5.8cm

金东区征集

玉器。平唇，直口，沿下饰凸弦纹，腹略直下收至圈足，通体饰交错凸鼓丁四列，沿口至腹中对称置如意斗耳柄，青白质，玉质温润，礼仪佳作。

25. 铜座像

时代：明代

尺寸：通高 18cm

金东区征集

铜器。菩萨结珈趺坐，宝髻高绾，头戴佛冠，佩圆耳铛，束发下垂
顺双肩而下，面相方圆丰润，鼻梁高直，细眉弯弯，双目俯视，沉
思。着双领下垂式通肩大衣，胸挂璎珞佩饰，衣纹厚重，左手胸前
持宝瓶痕，右手结与愿印。局部已损失，全身饰金痕，铜胎泥塑，
姿态生动线条优美。

1. 莲瓣纹双耳玻璃杯

时代: 清

尺寸: 口 9.5cm 底 4cm

通高 6.2cm 通宽 13.6cm

1993 年金东曹宅出土

料器。宫廷造办器件。圆唇，敞口呈喇叭状，杯外口至腰间对
称置变异龙形耳，器腹壁浮刻莲瓣纹，下内收圜底，圈足，内
凹，厚胎质，整器受沁色。国家一级文物。

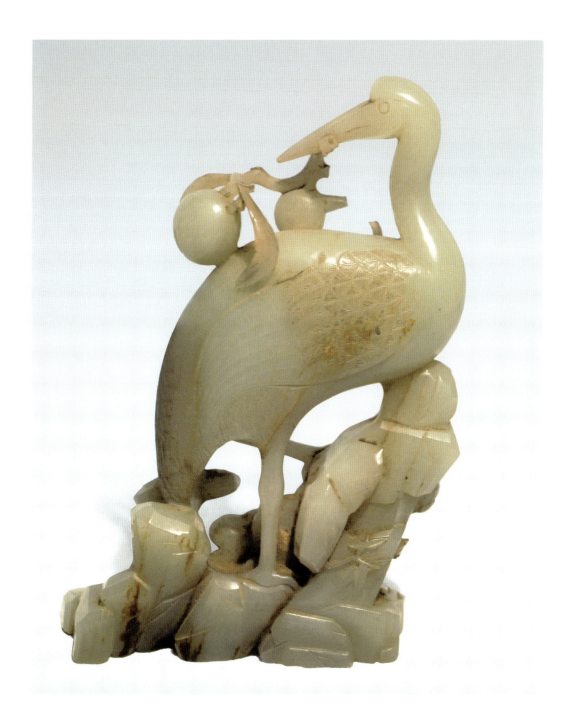

2. 唅樱枝玉鹤

时代：清

尺寸：约高 11.5cm

1993 年金东出土

玉器。青白玉质地莹润，造型优美。仙鹤独立于山石之上，回首而望
炯炯有神，口唅一枝樱桃，在色皮上刻划羽翼显现出丰满的线条，工
与玉两者结合非常独到，为文房佳作。仙鹤寓意长寿吉祥和谐，代表
着幸福的灵物。国家二级文物。

3. 太平天国瓦当滴水（2件）

时代：清（太平天国）

尺寸：面宽20cm　面高8.5cm

　　　厚1.7cm　瓦长17cm

金东方山村征集

独特的瓦当、滴水极富特色。全国至今唯一发现地、现留存极少。瓦当上印制"太平天国"四字，"国"字框内为王字，均以太平天为规定文字的规范制作，回纹边饰；滴水的纹案有花瓣纹、泉币纹多种。六十至八十年代初在金东区蒲塘、方山村、琐园村等地（太平军营地）发现于建筑之上的构件。国家二级文物。

4. 铜鎏金观音佛座像

时代：清

尺寸：约高 18.5cm

1993 年金东出土

铜器。铜制佛座像。菩萨结珈趺座于莲花座（已失）上，宝髻高绾，头戴佛冠，佩圆耳铛，束发下垂顺双肩而下，面相方圆丰润，双目俯视，沉静，着双领下垂式通肩大衣，胸挂璎珞佩饰，衣纹线条丰满，在左右肩下置对称手臂而掌向外指引，又在前部处置双手即左手胸握一宝瓶，右手掌向外指，局部侵蚀鎏金剥落，土中泥沙受沁痕迹仍在。国家三级文物。

5. 清酱釉瓷罐

时代：清代

尺寸：通高 4.5cm

金东区出土

瓷器。M2-2，口沿外，圆唇，腹微束，沿下对称置小乳丁，腹微鼓，下弧收，圈足底。通体施酱釉，底足部露胎呈黄泛白，形置小巧，文房玩品。

6. 清景德镇祭红釉铺兽首耳鼓腹瓶

时代：清代

尺寸：口 15.1cm　底 15.3cm
　　　腹 21.5cm　通高 30.5cm

金东区征集

瓷器。平沿，敞口，束颈，鼓腹下垂，高圈足内凹。肩腹对称饰粘塑铺兽首耳环，并饰二圈弦纹线，通体施釉，经窑温釉变呈祭红釉色，胎釉结合致密，釉彩亮莹、美观。

7. 五彩四花簇酒杯

时代：清代

尺寸：通高 4.1cm

金东区征集

瓷器。喇叭口形，尖唇，斜直腹，高圈足。沿下至腹部绘
五彩四花簇，白釉胎。

8. 清花对碗

时代：清代

尺寸：通高 5.8cm

金东区征集

瓷器。对碗，形饰纹饰相同。敞口，斜弧腹，高圈足。沿
下至底部内外壁绘青花花卉簇，釉白泛青，胎质白。具有
浓郁金东地方乡土特征器皿，俗呼"蓝边碗"。

9. 青花园印盒

时代：清代

尺寸：通高 5cm

金东区某工地出土

瓷器。子母口，器形扁。盖面绘青花花卉，折覆至沿饰一圈乳丁，及青花叶。器身斜直腹，微圈足，腹外壁绘花卉，及近底饰一圈乳丁。釉白有开片痕，胎质白泛黄。文房用品。

10. 陶盘

时代：清代

尺寸：通高 2.75cm

2018 年金东区多湖出土

陶器。M2-1。浅平，盘敞口，尖唇，底平浅足。器内中心点卷凸纹，胎质粗黄。

11. 彩瓷盂

时代：清代

尺寸：口 15.4cm　底 7.5cm

　　　　通高 9.4cm

金东区征集

瓷器。喇叭口，宽沿外翻，束颈，圆鼓腹，腹鼓间对称置设铺首并着酱褐釉，下收圈足，内底微凹。通体施白釉，釉润清亮，器皿规矩。

12. 瓷酒坛

时代：清代

尺寸：通高 40.5cm

金东区出土

瓷器。圆唇，束颈，溜肩，上部鼓腹，下收平底微凹。婺州窑产品。

13. 景德镇贴塑花卉绿釉六棱罐

时代：清代

尺寸：口 5.5cm　底 7.1cm

　　　腹 13.0cm　通高 16.1cm

金东区征集

瓷器。平唇，短直颈，丰肩，上腹弧，下腹斜收，平底浅足。罐外壁
划出六条竖棱线，除满腹粘塑花卉、牡丹、蝴蝶等图案并施五彩，而
器内施淡薄釉，器外施绿釉，彩釉五彩缤纷，胎质白。

14. 书院祭器瓷对盅

时代：清代

尺寸：通高 5.4cm

金东区征集

瓷器。白瓷，喇叭形，圆唇，斜弧腹，小圈足。白釉胎。器巧，规整。

15. 孝顺书院祭器

时代：清代

尺寸：通长 10.6cm 通高 9.4cm

1982 年金东区征集

铜器。铜匜形杯，宽大流口，器身椭圆形，上沿下雕刻一周回纹，腹部缠枝花卉图案，圈足部外饰一周回纹，器的另一侧刻铸变异龙首錾，造型稳重，和谐吉祥。

16. 书院祭器铜香炉

时代：清代

尺寸：高约 12cm

金东区征集

铜器。口宽沿，圆唇，颈微束，沿下饰回纹及一条凸弦纹，对称置如意耳，素腹微鼓，下弧圜收，下承狮形三足。炉形周正，古韵悠长。

17. "西义口造"熨斗

时代：清代

尺寸：高约 10.6cm　底 9.8cm

金东区征集

铜质。圆腹，宽口沿，敞口直腹，周有线条花卉纹案及另铭文"西义口造"，底部平整，一侧设有短柄，内空，炳缘凸沿口边饰对穿两小孔。熨斗名称的来历曰，一是取象征北斗之意，二是形如同古代一种烹调用具"熨斗"。汉魏时的熨斗，是用青铜铸成，有的熨斗上还刻有"熨斗直衣"的铭文。所谓炭熨斗，就是把烧红的木炭放在熨斗里，等熨斗底部热得烫手以后再使用，所以熨斗又叫作"火斗"。

拓印

18. "如日之精" 铭文铜镜

时代：清代

尺寸：直径 9cm

金东区征集

铜器。方形，素平缘，无纽。镜背四言诗"如日之精，如月之明，水天一色，犀照群伦"隶书体。诗文后有印二枚，葫芦形印纹"苕溪"二字，下为方形印"薛惠公造"。时为吴兴名镜。出土于金东仁义里，1995 年曾列入李学勤先生主编《中国文物鉴赏丛书》之中。

19. 五子登科铜镜

时代：清代

尺寸：直径 18cm

金东区征集

铜器。平顶圆钮，钮外弦纹圈内环童子花间嬉戏图案，圈外四个方框内楷书"五子登科"及童子和祥瑞花枝物件为环饰，边缘二圈凸弦纹。该镜人物造型憨态可掬，童戏题材在金东区发现较丰富，另外木雕和石刻上同类题材也较多，"五子登科"是当时吉祥用语。

20. 太平天国执手军刀

时代：太平天国
金东区征集

铁兵器。太平天国规范的执手军刀。1861 年在
金东岭下朱、方山村等地太平军所使用，六十年
代由农户捐献。

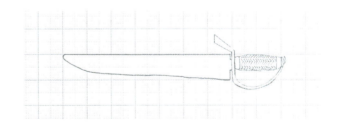

下 卷

P A R T ②

一　金东考古研究

右上：2019年，金东文旅局在澧浦镇上宅村考
　　　古工地现场办公

左下：2013年，金东文旅局在东关工地进行抢
　　　救性发掘

上：2014 年 9 月 25 日，金东文旅局在曹宅
镇王海山山改田项目中抢救性发掘

下：2020 年，金东文旅局与赤松王氏"四
世一品"研究会成员在王淮墓遗址发现
宋代石刻

上：2017 年金东区东孝街道下于村考古工地之一

下：2013 年金东区（多湖街道黄泥山），明代范氏大型石椁墓被誉为"浙江第一石棺"的考古工地

上：2012 年，金东区金东村村庄改
　　造时土墩墓考古现场
下：2013 年，金东区东孝街道陶朱
　　路社区项牌村农改田中进行抢
　　救性清理现场

上：2020 年，金东区文旅局协助公安部门踏勘被盗挖现场

下：2017 年，源东乡洞泉水库雨中考古现场

上：1998 年，金华日报报道金东考古出土文物
下：2013 年，金东区文物局协助公安部门在曹宅镇放生塘察看
　　文物盗挖现场

2020 年在考古调查时发现的一处百年
前"不准在道路上堆积物品"的题刻

1

2

3

4

2020 年考古现场
1. 田间试探　2. 聚精会神　3. 竹林疑案　4. 继续探路

2021 年，出让土地考古出土的文物

2021 年，根据《中华人民共和国文物保护法》《浙江省文物保护管理条例》，浙江省文物局和金东区文旅局对拟出让土地现场调查

考古现场一处汉墓底的五铢钱

金东南宋郑刚中墓发掘简报

浙江省文物考古研究所
金东区文物办

一、地理位置与环境

郑刚中墓位于金华市金东区曹宅镇郭门村东北一个叫五凤楼的山坳中。曹宅镇是金东区的中心镇，西距金华市约 13 千米，坐落于金衢盆地的中间略偏东，盆地北边山脉——金华北山的脚下。杭金衢高速公路与 03 省道穿镇而过，交通便利。这里是半山区的自然景观，丘陵起伏但地势不高。郭门村位于曹宅镇的西北不到 1 千米的北山脚下，全村人口近 300 人。东北约 1.5 千米处是省级风景名胜区——金华大佛寺风景区。

五凤楼位于郭门去大佛寺的半路上、长山坳水库大坝东头北侧。北山是金华最高的山脉，东西向狭长横贯金华市的北边，在山脉的南北两侧有许多深幽的山谷，长山坳即为其中之一，南北向狭长，这些山谷除南北狭长的主山谷外，还有许多横向较浅的山坳。郑刚中墓坐落于长山坳东侧的第一个山坳中，当地村民称为五凤楼。墓葬坐东朝西，后面是错落有致的小山峰呈半环形拥抱着整座墓，前方是长山拢进入丘陵前较为开阔的平地。在墓正前方约 300 米处有一小山峰，当地村民称之为"拜堂"，与墓葬形成合拢之势，在山坳之外无法发现墓葬。

二、墓葬概况

按当地郑氏族谱的记载，郑刚中墓中间为圆形封土，封土外为环墉，墓前及四角有阙。封土早已不存，但阙等地面建筑一直保存到"文革"之前，"文革"中破坏殆尽。笔者在20世纪90年代初到过现场，当时地面建筑完全不存，墓葬亦几乎不辨，杂草、灌木丛生，仅在地面散布大量砖瓦、瓦当、斗拱等建筑构件，长山垅水库的水位直逼墓脚，部分砖瓦砾已淹没于水中。

1997年，金华县人民政府将墓地进行初步修整，用花岗岩围成一个巨大的圆形坟丘，所有的墓葬痕迹完全深埋地下，并列为金华县重点文物保护单位。2004年为解决群众饮水问题，曹宅镇人民政府对修筑于20世纪50年代的长山垅水库进行整体扩容改建，郑刚中墓处于新建水库水位线下，面临淹没。为保护文物，墓葬被列为搬迁对象。

2006年元月，浙江省人民政府下达浙政函（3）号文件关于郑刚中墓异地搬迁的批复，要求进行整体搬迁，并在搬迁前由具有国家团体领队资质的考古单位进行抢救性发掘。同年5-8月，浙江省文物考古研究所与当地文物部门组成联合考古队，对郑刚中墓进行抢救性发掘。在现存之封土下发现了大量石像生，并揭露了八边形须弥座式封土、环塘、四角阙基础等。此种结构为至今本省保存较为完整之南宋墓葬，具有较高学术价值。考古队马上向浙江省文物考古研究所及浙江省文物局领导汇报相关情况，并建议墓葬进行整体搬迁。考古所副所长陈元甫代表省文物局与省考古所赶赴工地考察，并接受整体搬迁建议。2007年3月，考古队再次进驻曹宅镇，对墓室进行清理、测绘，为新墓之建造提供详细数据资料。

墓葬经过多次盗掘，至少有7个盗洞对墓室形成直接破坏，1号盗洞（编号不代表被盗的早晚）位于墓室前方，垂直打入墓道底部后再向西自北边的墓门横向打入。2、3、4号盗洞打在墓室封土的须弥座上，几乎将所在的须弥座破坏殆尽。7号盗洞略小，5、6号两个盗洞分别直达两个墓室，形成致命破坏。这些盗洞早晚不等，部分盗洞时间可能较早，封土上堆积的部分石像生自盗洞下落至墓室。最晚的一次盗掘，在20世纪90年代后，新盗洞沿7号盗洞位置直达墓室，从盗洞中出土有纱线手套、铝壳手电筒、蜡烛等物品。

2006年夏，随着考古发掘工作的深入进行，迁建工程亦陆续展开，新墓将迁至村东100米处的东兴山上。2007年秋冬之际迁建工程基本完工。

三、考古发掘的墓葬结构

墓葬结构包括墓上建筑与地下墓室两部分。整个墓葬结构平面呈长方形，墓上结构由砖砌须弥座封土、环塘、墓前建筑、阙、神道几部分构成。

（一）后世形成的封土堆

1997年，墓葬经当地人民政府较大规模修整，面貌完全改变，在原来的墓室上用花岗岩砌成高1.2米、直径11.3米的圆形坟丘，坟丘内的表层填土中间薄四周厚，中间厚约0.4米、四周厚约1.2米，基本与花岗岩坎等深。在此表土下，是一层早期形成的堆积层，呈圆形，直径约10米、厚达1.4米，可分为两层，上层较厚，最厚处达1米，下层较薄，最厚处约0.6米。

墓葬原有的封土须弥座，有鹅卵石铺面的馒头形顶部，由于封土被多处盗洞破坏，因此在盗洞位置亦出土较多的小鹅卵石。

（二）墓前结构

包括神道与享堂两部分。

神道：族谱记载墓葬前，原设有神道碑。考古发掘亦在原墓室之上发现了大量石像生，因此应该有神道的存在。在考古队进场之前，墓前部分在水库清表时破坏殆尽，据老人回忆，在墓前的山坡上，原先有方砖砌筑的道路直通山脚下。

享堂：享堂同样在新修水库清表时破坏。此外，与墓葬相对，在水库大坝西头位置，有圆形的小山丘，高度与墓葬高度基本相当，山丘顶部为一圆形平台，直径约 10 米，老人回忆说此处为祭台所在地，逢重要时日在此祭祀。此山丘已被工程削去顶部。

（三）墓上结构

整座墓葬依山势而筑，墓室、墓道、环墈与墓室须弥座形封土之间的回廊在岩体上开凿而成，环墈两侧及后侧部分直接在山体上铺砖，墓室前面部分地势较低处则用大石块砌坎填土筑实，上铺较小的石块形成地基，再在此地基上铺砖以形成墓室前面的平地。西北角铺地砖已破坏。

与此两石处于同一直线上，可能是阙形建筑。除此，墓后部的东南、东北角上亦有阙，前阙后面为挡墙，挡墙后是须弥座式封土，封土下是墓室。墓室前方有墓道，封土左右及后侧是环墈。

1. 墓阙

从地面残存情况看，除墓砖外，在前方水库里还倒有一大块方形高大建筑物，砖砌，有斗拱等仿木构的建筑构件，系为坍塌的阙体。在墓葬原封土上有一瓦砾层，出土大量的板瓦，及少量的筒瓦、滴水、瓦当及斗拱等建筑构件，说明当时墓葬上或周边有仿木结构的建筑存在。根据族谱图绘，墓葬共有六座阙形建筑，四个角各一

座，前面正中两座。

从考古发掘的情况来看，在整个墓葬的四个角上有比较清晰的基础，呈方形，除西北角 Q4 外，其余三个均仅剩痕迹：外圈是方槽形基础，中间方形填土中夹杂有大量的三合土与碎砖块；西北角 Q4 残存部分砖石结构，平面方形，方砖与红砂质条石混砌，Q1 南北长 116、东西宽 108 厘米，沟槽宽近 14、深 6、中间填土高出地面 18 厘米；Q2 方砖边长 27、厚 5 厘米，条石长 72、宽 23、厚 18 厘米，整个基础边长约 152 厘米，高出地面约 20 厘米；Q3 边长 180、沟槽宽近 14、深 8、中间填土高出地面 24-36 厘米；Q4 大小与 Q3 基本相同。

Q1 与 Q3、Q3 与 Q4 的中线分别是墓葬的南、东边缘，Q1 亦与墓室前方正中类牌坊建筑的基石处于同一直线上，按此延长线，Q2 应该位于墓葬西北角虚线所示意的位置，然而残存的 Q2 却与此位置基本处于对角上，虚线所在位置仅剩打地的石块，是否有建筑已不得而知，而 Q1 东南对角位置亦已被破坏，原始情况不明。因此 Q12 结构不得而知，可能与 Q3、Q4 不同，是更为复杂的两座方形建筑对角相连。

按照族谱的记载，在 Q1、Q2 与中间的牌坊类建筑之间各有一阙，但这两位置破坏较严重，无法确认其建筑基址。但结合村里老人的记忆看，族谱的记载当为可靠。

2. 挡墙

挡墙有两种，第一种是条石挡墙，第二种砖、自然石块、条石混砌的挡墙。

条石挡墙：位于墓室的正前方，共三道，中间一道南北向，与墓道处于垂直位置，南北两道呈八字形对墓室形成合抱。均用长方形条石砌

筑，红砂岩石质，各石条宽、厚基本相同，长短不一，砌筑规整。三道挡墙呈南北对称，但保存不一，中间道保存较差，仅剩两层，每层各两块，残长108厘米、残高30厘米；北道亦保存不佳，残长308厘米、最高处保存100厘米；南道保存最好，有五层，长388厘米，最高处104厘米。环塘的南北两翼向西（墓前）逐渐走低，最后以两个台阶过渡到墓室前面的较开阔地，使须弥座式封土整体暴露在前方，这三道挡墙刚好与环塘形成合抱，将墓室与封土环抱其中以形成围护。因此此三道挡墙当为与墓葬同时期物。由于破坏较为严重，三者最初的结构已不得而知，但中间一道与南道相连，以及其与环塘的合抱之势推测三道墙当时连成一个整体。

混砌挡墙：较为杂乱，不仅用料杂乱，而且分布亦杂乱，砌筑随意。亦有三道，但不相连，西道在条石挡墙外，长方形砖与条石混砌，仅保留前方一小部分。南北两道均位于条石挡墙内，均用未经加工的大块自然的鹅卵石堆砌而成，南道长330厘米，最高100厘米，北道长212厘米、最高50厘米。墙体不规则，砌筑杂乱，与嘉葬整齐的铺地砖、华丽的须弥座形封土、规整的条石挡墙形成强烈的对比，当是后期形成。可能是墓葬在后期被破坏后，进行过简单的维修。

3. 环塘

位于墓葬的后半部，前端与须弥座形封土平齐，东高西低，朝墓前逐渐降低，以两级方砖砌筑的台阶过渡到墓室前面的较开阔地，方砖边长27、厚5厘米。整体结构呈半环状拥抱整个须弥座形封土。依托原来的基岩略作平整，上铺长方形青条砖，条砖长22、宽14、厚5厘米，后部正中纵向单层平砌，其余均为横向单层平砌，

左、右、后三条边平直，前端用砖平砌成半环形的高坎，形成与封土之间的回廊。高坎最上层长方形砖侧砌一层，外圈为条形砖，侧砌的长方形砖下为楔形砖向前斜向平砌。回廊的底部用长方形青砖人字形平砌。

4. 须弥座式封土

须弥座平面呈正八角形，前端破坏最为严重，已完全不存，后端亦保存不佳，仅剩两侧近转角处的小部分，南2、南3亦大部分被破坏。北2、北3保存最好，基本完整，南1与北1亦保存较佳，仅近前端正面小部分被破坏。相对两个面之间宽540厘米、每面上端宽210厘米、下端宽220厘米。

须弥座上枋基本不存，上、下枭单层砖平砖，外侧雕刻成仰覆莲状，每块砖由中间三完整、两侧各半个莲瓣构成，莲瓣较为瘦削，砖厚4.4厘米，长短不一，长者近27.6、短者（完整）25.2厘米，除基本使用完整砖外，也间或使用残砖。束腰处为花砖，高约18厘米，花砖内容为花卉与瑞兽两种，两者间隔使用，花卉均呈折枝状，瑞兽形态各异，或侧卧，或俯卧，或食草，或奋蹄急奔，或仰天长啸，或嬉戏。每面使用的花砖数量六至七块不等，其中保存完整的北2为七块，花卉与瑞兽相间，北3则为六块，两侧各一、中间并列两花卉砖，花卉砖之间为瑞兽砖。花卉呈浅浮雕状、瑞兽则为高浮雕。束腰较上下枭内收近4.5厘米。下枋素面，三层砖平砖，上下两层均为方砖，中间一层为弧形面，下端向外弧凸，其中上层与下枭平齐，中较上层外凸近4.5厘米，下层较中层外凸1.5厘米。圭角呈布幔状，两层砖平砌，上层砖厚5.6、下层厚4.8厘米，圭角较下枋外凸近2.4厘米。土衬下

主角平齐，单层砖平砌，厚 5.6 厘米。

每相邻两个面之间上侧有立砖一块，或作莲瓣形，或作兽首形。

整个须弥座从土衬至上枭之间高 56 厘米，内侧用砖平砌一层，砖大小厚薄不一，有完整者也有残断者，有素面砖，也有花卉砖、莲瓣砖，当是利用多余的各种砖块拼筑而成。

须弥座中间的填黄色山土，夹杂有黄色的砂粒，土质纯净，基本不见任何包含物，并且极其坚硬，可能经过夯打，但不见夯窝。顶部近馒头形，表面铺天然鹅卵石一层，石块较小，大小均匀，直径一般在 10 厘米之内。砌筑规整，排列整齐。从土衬到封土顶端高近 100 厘米。

须弥座外圈是与环塘之间的回廊，须弥座封土下方为墓室。

（四）墓室结构

1. 排水沟

发现两条，一条位于墓道的底部基岩上，底部是长方形青砖，两侧为条形砖，上盖条形砖。出露部分长 200 厘米。另外一条在墓葬的西南角，叠压于铺地砖之下，方向与第一条基本相同，底部为方砖，两侧条形砖，盖顶砖已不存。出露地面长 360 厘米。

2. 墓道

由于墓葬多次被盗，须弥座多处遭受破坏，其中墓室正前方有一盗洞，铺地砖大面积被破坏，沿此位置往下清理，发现直达墓室底部的深度，均为熟土堆积，并有一排水沟东北—西南方向横贯，由于南、北、西三边上部均为铺地砖与挡墙，为不破坏墓的完整性，未向这三个方向继续清理。推测墓道南北略宽，向西则直达山体之外。

3. 墓室

墓室在山岩中开凿而成，左、右及后边均为基岩，前边为墓道。

墓室用砖在基岩坑中砌筑而成。并列双室墓，南侧为主墓也即郑刚中墓（M1），北侧为郑刚中夫人墓（M2）。双墓均分为前后室结构，前室略宽，在南侧各置墓志一方，后室略窄于前室，置棺。两室之墓框为两层长方形砖错缝平砌，中间隔墙前室为两层砖，后室为三层砖，从建筑结构上看，双室为同时修筑。墓顶可分为三层，最下一层每墓两侧用长方形砖纵向平砌，中间以楔形砖横向侧砌；第二层每墓两侧各用三层长方形砖纵向平砌，中间为长方形砖纵向侧砌，该层上两墓室之间的沟槽内填以杂土、砖块等，与两墓室顶部平齐，再在之上纵向平砌长方形砖一层，也即第三层砖，以使墓室顶部形成一个完整的整体。

墓室后壁有小壁龛，两墓前室南侧各有一墓志，墓志立于墙壁之侧，外侧以砖砌盖。木棺，每棺有六个铁质吊环。棺底部垫一层石灰，棺与墓室之间填以三合土。主墓之棺略大。

墓室封门墙用长方形砖错缝平砌，主墓之前有一墓门，用整块石块作封门石，石质也为红砂岩。

四、出土器物

包括石像生、青砖仿木结构建筑构件、花砖及墓室随葬品等几部分。

建筑构件、花砖等墓上出土物品，与石像生、须弥座上花砖、墓室随葬品四者分别编号，石像生及其残件前冠以石像生，须弥座上花砖以西北角残存的第一块起，逆时针方向依次以阿拉伯数字编号，墓室随葬品以传统的 M 代替墓室再按阿拉伯数字编号，墓葬表土出土的花砖、建筑构件等在阿拉伯数字之前加 0。

（一）石像生

发现于现代封土之下、原墓封土之上，集中杂乱堆放，并且均破损，部分填埋于墓室盗洞中。均为红砂岩质地，石质较细，但极软，易风化与毁损。残存马 4、羊与虎各 4、石人 2 及望柱残块等。（略文）

（二）仿木结构建筑构件及砖瓦

均发现于石像生下、须弥座形封土之上的瓦片层中，包括板瓦、筒瓦、瓦当、滴水、条形砖、长方形砖、方砖、斗拱、垂兽等。（略文）

（三）花砖

出土时分三种情况：一种保留于须弥座上作为须弥座的一部分存在；一部分是已经被破坏、在扰乱坑或扰乱层中出土；一种是仍保存于须弥座上，但并不是须弥座花砖的一部分，而作为普通的砖砌筑于内侧。前两部分当为须弥座上的束腰，后者则是须弥座外侧修筑好后多余的花砖作为普通砖使用。种类有：花卉砖、瑞兽砖、莲瓣砖、布幔砖等。

1. 须弥座花砖

仍旧完整保存于须弥座上。下列须弥座花砖的编号，与须弥座北 1、北 2、北 3 及南 1、南 2、南 3 立面图上的花砖编号——对应（略文）

2. 其他花砖（略文）

（四）墓室随葬品

由于墓室被盗，保留下来的随葬品很少，仅在墓底扰动过的淤土里残存几件小型器物，出土时已非原先的位置。有小玉器、铜器、铁器各 1 件、青白瓷 2 件、小金器 3 件，铜钱、棺钉、棺上的吊环若干以及墓志各一方。

墓志 两个墓室各出土一方，紧立于墓室左前方的墓壁侧，外侧用砖立砌一层以保护墓志的表面。因此墓室与棺之间浇注的三合土并未对墓志形成较大的破坏。青灰色石质，较为细腻，但石质较软，字面局部风化而字迹不清。郑刚中墓志，长 92、宽 71 厘米，正面铭文 23 行，每行 33 个字，首行 10 字、末行 18 个字，共计 721 字。楷书，首行题"宋故宣抚资政郑公之墓"。

其文曰：

宋故宣抚资政郑公之墓

先君讳刚中字亨仲世为婺之金华人曾祖讳克允祖讳浴皆潜德弗耀父讳卞官□事郎赠中奉大夫母盛氏赠淑人先君生于元祐戊辰夏五月二十三日自少甘贫嗜学年四十五犹乐布衣中凡以较艺魁多士四十有七绍兴壬子春登进士上三名第授左文林郎温州军事判官乙卯春之任丙辰冬召赴行在所未至除详定一司□令所删定官□至改宣义郎除枢密院编修官戊午春权尚书右司员外郎除尚书□功员外郎为□□00□秋除监察御史冬除殿中侍御史己未春除宗正少卿移秘书少□夏□0000□论京□□□君以本职为参谋转宣教郎冬归除权尚书礼部侍郎转通直郎寻兼详定一司敕令庚申秋以年劳转奉议郎遇明堂恩封荣阳县开国男食邑三百户冬除试尚书礼部侍郎辛酉夏除宝文阁直学士枢密都承旨冬除宝文阁学士以本职为川陕宣谕使壬戌夏除端明殿学士川陕宣抚副使兼营田使转朝奉郎冬遇太母回銮恩转朝散郎进爵子食邑六百户癸亥冬以年劳转朝请郎遇郊恩进爵伯食邑九百户乙丑□

除资政殿学士丙寅冬以年劳转朝奉大夫遇郊恩进
爵郡候食邑一千二百户镇西南凡六年中□川陕名
为四川甲子□寅岁三□□求退不许丁卯冬以与权
臣忤罢使落职提举江州太平兴国宫桂阳监居住
□□□□授濠州团练副使□州安置己巳春移封州
安置甲戌夏感疾以其生之月日终于封州良嗣久窜
罗池冬得释始奔丧扶护归里舍卜兆于东阳乡招福
原会□□□□道行丙子春追复旧官职冬十月五日
遂成礼以葬先君享年六十七娶石氏封淑人子男女
各二男日良显早卒次即良嗣女适右迪功郎郴州司
户参军邢晦□朝请郎提举两浙市舶章服孙男女各
二男日枢孙右承务郎次及女皆幼鸣呼先君之殁也
天下识与不识无不为之痛其德行文章□□名节表
表在人耳目者须托名笔碑于神道以信万世良嗣不
敢称述又泰贯心□□□楚裂无文词以志其□姑忍
死沥血叙始终之次纳诸扩云刘袭刊

郑刚中妻石氏墓志，长80、宽59厘米。15
行，324字，楷书。其文曰：

先妣大宁郡太夫人姓石氏讳柔中婺州浦江县
隐士吉之曾孙雄州防御推官河之孙进士棠之女生
十有七年归金华郑氏克相我先君宣抚自布衣登法
从累封至淑人后以良嗣官陞朝遇
郊恩加太字续遇
立皇太子庆典特封咸宁郡太夫人又遇
太上皇帝加尊号进封大宁郡太夫人生二男子长良
显早卒次即良嗣二女子长适前知肇庆府持服邢晦
次适故吏部侍郎章服孙男女一十人男日枢孙宣义
郎新浙西提刑司干办公事日庄孙承奉郎监临安府
粮料院日正孙通任郎曰口僧尚幼曾孙男女一十一
人太夫人享年八十淳熙丁酉岁正月二十五日终于

临安府之官舍时良嗣为尚书郎故就养
行在所而罪逆上延乃至此极鸣呼苍天守护丧归里
第故以其年十月七日葬于招福原衬先君之室其淑
德秘行非良嗣敢口述者当求名笔撰次与先君俱表
于神道今忍死沥血姑叙口概以纳诸扩良嗣稽首谨
识

五、结　语

（一）关于郑刚中

据出土的郑刚中夫妇墓志，郑刚中生于北宋
元祐戊辰夏五月二十五日（1088年），绍兴壬
子登进士第，授左文林郎温州军事判官，累官为
监察御史迁殿中侍御史。因忤逆秦松，绍兴十七
年九月郑刚中被罢官，十二月落职桂阳监居住，
绍兴十八年十一月责濠州团练副使，复州安置。
绍兴十九年三月移封州安置，子良嗣等亦除名编
管。甲戌（1154年）夏感疾，以其生之月日终。
其年冬，其子郑良嗣得释，始奔丧，扶护归里
舍，卜兆于东阳乡招福原。绍兴二十六年（1156
年）春追复旧职，十月安葬。

郑刚中主要事迹具《宋史·卷三百七十·列
传一百二十九》，多可与出土墓志互证。

郑刚中妻石氏则下葬于淳熙丁酉，即淳熙四
年（1177年）。

（二）关于五凤楼地名与用阙

郑刚中安葬之地，村民称之为五凤楼，并只
知其名，不知其源，诸多解释，颇为牵强。

五凤楼之名，早在盛唐时就已出现，此后历
五代、宋、辽以至于清，多指宫城的正门。清代
紫禁城正门午门，又名五凤楼，位于紫禁城中轴
线上，呈倒"凹"字形的平面：其两翼向前伸

出，与大片城墙形成环抱之势，城墙上建有一座正楼，四座重檐方亭。正楼和左右拐角处的方亭间连以左右明廊，在拐角方亭和左右伸出部的前端方亭间连以左右雁翅楼。倒"凹"字形东西两翼的峙立又形成所谓阙的格局。阙最早是独立处于入口处，两阙之间没有联系，从隋代开始，中央屋顶逐渐升高，以至于高出左右双阙的屋顶，左右双阙的平面则略前伸，使整个平面成一倒"凹"字形，隋唐以后宫阙独步天下。因此五凤楼指的是宫阙，其名称与用阙有直接的关系，可以说因阙而得名。

郑刚中葬地，称五凤楼，当亦与阙相关。从族谱、考古发现出土的基础、现代地面上倒置的残块、村民的传说等等，再结合五凤楼的地名，墓葬原先使用阙形建筑当确定无疑。

（三）周边墓葬及其他

在郑刚中墓北边相邻的小山坳中，在修筑水库清理表面泥土时曾推出过一座墓，2006年考古队进场之时，墓葬已完全不存，仅在周边发现少量的砖块，当为砖室墓，现场残存的砖分为长方形与长条形两种，大小、形制基本与郑刚中墓相同。该地称为马坟，相传是郑刚中儿子的墓葬。可惜墓葬已毁，无从考证。推土机刚推掉时曾出土许多仿木结构的建筑构件及墓志，郑氏后裔采集有部分标本。

在郑刚中墓对面的山坳中，原先有砖窑，村民相传是烧造郑刚中墓葬所用砖之窑，原址现为一小水库，窑址已淹没于水面之下，具体情况已无考，仅存此一说。

附记：郑刚中墓的发掘，得到金华市、金东区、曹宅镇人民政府的帮助与配合，谨致谢忱。

注 释

1. 萧默：《五凤楼名实考——兼谈宫阙形制的历史演变》，《故宫博物院院刊》，1984年第1期。

2. 文中部分已略有删减。

金华陶朱路村宋墓出土文物简报

陈小雪 / 文

一、概 述

2004 年 3 月，在金华市金东区东孝街道陶朱路的城北公园的施工工地上发现了一座古墓，有村民反映墓中文物被盗一空。文物与公安部门接报后迅速赶到现场采取应急措施，并对该墓进行了抢救性清理，发现四周散落着刻有"宋故朝散郎舒公墓志铭"等文字残碎的墓志铭，另有"圣宋元宝"钱数枚。"宋元宝"为北宋徽宗建中靖国元年（1101 年）铸造，是仁宗"皇宋通宝"之后的又一种不以年号命钱名的非年号钱。据此可推测此墓的年代应不早于 1101 年。

东孝街道陶朱路村位于金华城北金东工业园区，墓葬坐落于村西的城北公园内黄土山坡边，坐北朝南。墓圹前封土已遭挖掘机破坏，残存的墓坑呈长方形，高约 1.6 米、宽约 0.9 米、进深残 2.3 米。石结构券顶已暴露在公园黄土坡的狭沟下。墓顶离地表深约 0.4 米。墓室前部底面用青砖错缝平铺，青砖为青灰色，带有杂质粗粒，长 0.37 米、宽 0.18 米、厚 0.06 米。后半部用红沙石质板平铺，上有淤泥堆积，厚约 0.3 米，棺木和尸骨无存。由于遭受破坏严重，已无法了解随葬品的陈设方位。公安部门追缴的文物有黑釉扣银大碗、扣金料杯、葵式扣金料盘、葵式铭文镜、银质贮茶罐、银匙、银勺、葵口铜盘式托盏。

这批宋代器物，材质有银、铜、瓷、料器等，形制优美，造型典雅，工艺精湛。其中出土的许多茶具，不仅展示了浙江悠久的茶文化历史，更为了解宋代浙江社会经济的发展和当时人们的文化生活提供了实物资料，具有较高的历史、艺术、科学价值。

二、出土器物

1. 扣金料杯

1 件，料器。整器呈如意头状。折沿。圈

底。口沿镶扣有金质镂孔錾花卷草珠点纹，椭圆形浅盘表面光滑。内底略平，受沁色灰。其为茶具，功能是将泡好的茶汤倒入品茶杯后，嗅留在杯底的余香，即闻香杯。长 8.7、高 1.6、宽 7.2厘米（见下图）。

2. 葵式扣金料盘

1 件，料器。八出葵花形。折沿。浅折腹，下收为平底。浅盘，棱线分明，中微隆。口沿扣金，出土时因水沁严重而局部脱落，整器质料呈钙化状。为奉茶之器。直径 17、高 2.2 厘米。

3. 铜质三足卍字炉

1 件。铜器。平面圆形。上部暖台为平面，中间镂一万字纹。炉体直腹，平底，下饰云纹小三足。整器锈蚀，表面斑驳，炉通高 7.7、直径12.7 厘米。

4. 黑釉扣银大碗

1 件。瓷器。敞口，折沿。边唇略外撇，斜弧腹，浅圈足。口沿扣银皮，惜已脱落。釉层饱满，乌黑发亮，底露胎，呈浅褐色。高 7.8、直径 21.6 厘米。

根据该碗的口径和高度来看，显然不适合作为餐具或饮用器，而应是斗茶中的点茶器。宋人在茶具上注重法度，喝茶不在于量而在甘醇香

郁。如要喝鲜香的茶汤，以煮水一升，用（茶）末适调，浓薄则增减之。在将沸水冲泡入大碗中时，以茶匙用力击打，渐起沫饽。大碗随后分入小碗而饮。此即为点茶，大碗的作用非常重要。

5. 黑釉扣银小茶盏

共 4 件。瓷器。呈斗笠形，敞口，折沿，薄唇，斜直壁，浅圈足。口沿扣银皮。胎体较薄，釉层乌黑，施釉不及底。直径 12.67、高 4.5 厘米。

这组小茶盏应是典型的宋代斗茶之具。斗茶又称茶百戏或汤戏，是沏茶过程中的技艺游戏。宋代斗茶之风盛行，以黑瓷茶盏为最适宜之器具。蔡襄所著《茶录》云"茶色白，宜黑盏，建安所造者绀黑，纹如兔毫。其坯微厚，熁之久热难冷，最为要用"，为"斗茶""试茶"最好的茶具。苏轼"来试点茶三日未乎，勿惊午盏兔毛斑"，黄庭坚"兔褐金丝宝碗，松风蟹眼新汤"等，对茶具都有生动的描述。

6. 葵式扣金料茶盏托

1 件。料器。葵形六瓣式。折沿，扣金。浅腹，圜底。内壁浅弧，中心部呈凹圆形，与茶盏底圈足相吻合，是承载茶杯的主要器具。直径4.7、高约 1 厘米。

7. 银质贮茶罐

1 件。银器。器盖中隆。罐体直口丰肩，深腹，平底。贮藏茶叶器，可贮茶 50 克。罐高7.5、腹径 5.4、底径 2.5 厘米。此罐设计成利用空心压力通过推压可起到真空排潮的作用。具有一定的密封度。这样的构造，保鲜时间长成本低，灵巧实用保鲜时间长。

8. 银制长柄茶匙

1 件。银器。柄作长条状，略呈扁方形，中

间厚，两边薄。匙面略平，通体素面。为点茶时击打拂茶花、搅拌之器，通常也用于勺取茶末。残长15.7厘米。

9. 银制茶则

1件。银器。把残，呈勺状，勺体圆形。素面。是控制茶量的器皿，同时又可作置茶分样用。该器残长10.6、勺口径7厘米。

10. 葵口铜盘式托盏

3件，铜器。可组装。托垫作盘形状，葵口。折沿，平底，圈足略外撇。内壁浅弧腹。直径24.5、底径15.5、高3.4厘米。盏直口卷唇，直径14.5、高6.7厘米。托盏又称暖盏、暖碗，茶器。宋代的茶料为茶饼，饮用时首先要经过炙烤、碾粉、过筛、煎煮等过程，并加入葱、姜、盐等辅佐料理，并因人而异调节口味。托盏可用来调茶，同时又可盛煎煮茶汤、制茶和饮浆等。

11. 醝簋瓶

1件。瓷器。直口，短颈，溜肩。上腹圆鼓，下部骤收。平底。腹部饰凸凹弦纹。褐釉，施釉不及底。釉层较薄，内外均施满青褐釉，蚰层较薄。婺卅窑产品。此件醝簋瓶为茶道中盛装盐的器皿，是陆羽所列25种茶具之一。口径5.7、残高15.5、腹径11.1、底6.4厘米。

12. 马蹄形歙砚

1件。石质。圆形，宽边，中间圆凸之磨墨台，砚边与磨墨台间雕凿成一圈凹槽，一侧略大，呈月牙形墨池。平底。整器青灰色，质地细腻，直径17.3、高3厘米。

13. 葵式铭文镜

1件。铜器，八瓣葵花形。小圆钮，铸有长方形框格，内饰二行凸字铭文，文字被铜锈覆盖，不能辨识。直径17.5、边厚0.3厘米。

14. "圣宋元宝"钱

铜钱，与黄泥粘成二团，枚数不详。直径2.4厘米，约重3.5克。

15. 残碎银杂件

杂件较多，破损严重。其中较重要的有银盒，2件。均只剩盒体，缺盖。其中一件整器挤压、变形、缺损。本应为圆形，子母口平底。圆形，平底。外腹部饰缠枝菊瓣纹。另一件只剩底部和外腹一小截。器身本应为圆形，平底。外腹部饰缠枝菊瓣纹，外底部饰满缠枝菊瓣纹，且图纹印在内底部清晰可见。另外可辨别的尚有银质壶口、银质长方形委角托盘边等残件。虽然这些器物受损严重，但仍能看出其工艺之精湛程度。

16. 墓志铭

1件。黄沙石质。残高56、厚10厘米。出土时被盗挖者打成碎块，字迹大部分被铲掉，所幸现尚存"宋故朝散郎舒公墓志铭……"等小楷字，还清晰可辨。可惜由于损坏严重，已无法了解碑铭之内容及舒公的生平状况。查阅有关史料也均未发现。

三、结 语

从该墓出土的文物来看，其随葬品组合较为丰富。虽遭破坏，但保存下来的器物依然精致。金华地处浙江中部，经济文化较为繁荣，从该墓葬的结构及陪葬的杯盘、盏、炉、罐、匙的组合来看，具有相当高的规格，反映了墓主人生前的身份、地位。特别是众多饮茶器皿的出土，如茶盏一次性就出土4件，而扣金料杯、葵式扣金料盘和黑釉扣银瓷质大碗等，则以其精美的造型、考究的用料、精湛的工艺，令人惊叹不已，有着极高的研究价值。

两宋时期饮茶风气浓厚，茶艺也达到了前所未有的高度。从皇家、士大夫到民间，都酷爱以茶会友，制茶创新。其中斗茶属上层品茗技艺，是修身养性的雅事。宋代饮用的茶叶是一种半发酵的"研茶"，斗茶要先斗色，斗水痕，汤花讲究外聚而不散。可以说斗茶习俗提高了品茶之趣，同时也改变了饮茶方式。由于文人的参与和佛、道的影响，使得宋代茶道追求更高雅的艺术氛围。茶礼、焚香、吟诗、抚琴、书画、赏花、闻香等皆为茶艺活动常见的项目。丰富的茶文化活动，也造就出了独特的茶具。此墓中出土了如此丰富的饮茶器皿，正是在当时社会背景之下出现的。它不仅有助于我们了解宋代的饮茶文化，同时对研究宋代浙江的经济、社会生活、习俗等，也有着十分重要的意义。

金东区明代范氏大型石椁墓发掘简报

杜响玲 / 文

2013 年 1 月 21 日，在金华金东区多湖街道黄泥山村、西南侧山坡清理平整土地时发现一座古墓，当地文物部门获悉情况后立即派员赶往现场落实保护措施，浙江省文物考古研究所派员会同金华市文物局、金东区文物部门相关人员对这座墓葬进行了抢救性清理。现将发掘情况简报如下。

一、墓地位置

明代范氏墓位于金华金东区多湖街道黄泥山村草场山，东经 119° 14′ ~ 120° 46′，北纬 28° 32′ ~ 29° 41′ 间。2011 年以前为黄土丘陵自留山坡地和部分农田，目前在改造施工中部份缓坡已全部夷为平地准备种植苗木，墓葬位置因年代久远并在黄泥乱石覆盖下故也被清理之中；该处距金华市区东南 3.5 千米，西北 1500 米为武义江，南向 800 米为环城南路，东约 2500 米为环城东路，东北距 1350 米为黄泥山自然村。

二、墓葬情况

墓葬为长方形竖穴石椁墓，该墓夫妻合葬、单椁双穴墓，南北朝向约 120°。墓顶距地表残存封土约 50 厘米，因机械挖土周围环境和砖砌墓室遭受严重破坏，墓顶与墓围、墓面已遭受损毁无法辨别，从散落残存砖块的布局上可以大致可以看出，墓穴在呈 35° 半坡凹腰之间的岗地上，墓室的后壁为风化红砂岩，前、左、右三面采用单层青砖平砖错缝砌筑，施工清理时一块巨型青石倾倒裸露在黄泥、红砂石上，其下凹陷内填满了水浸纹样褐红色斑的细泥沙和几簇白蚁的巢穴。经现场考证该巨型青石为灰色花岗岩质地的石椁盖，由整块雕凿而成（凿刻痕迹明显）保存完好。墓系单椁棺（女），石椁呈长方盒状，上下分置（椁盖和椁身）由二方整块巨型大石料雕凿而成重估约 4 吨；即椁盖高约 0.5、通体长约 2.7、宽约 1.08、壁厚 0.17 米；盖顶略平四边角卷收；前后壁头部统一向前倾斜；椁盖左右外壁靠近顶部四角分别凿刻四个不规则圆形凸头钮、形似四个兽首，应该是盖合时吊装系绳用途，盖合处凿成子母口。椁身部分：整体呈长方体，盖合沿口处凿成与椁盖对应的子母口，使椁盖和椁身可以紧密相扣。石椁主体间中空（棺木已朽有残锈钉数支、石灰、碳、骨伴随泥质出土），主椁（下）通体长 2.67、宽 1.14、高 0.55、厚 0.165 米；底部的四个角落又饰稍稍隐刻于平面的小角柱；在首、尾中间靠壁墙约 0.17 米处分别雕凿两个圆形圈，直径 0.16，圈内又饰两个对称椭圆形竖洞（内径宽 0.065、长约 0.11 米），并且凿穿地底部，两组小洞拟为自然渗水排水系统，根据金华当地流传习俗是灵魂出口。椁底的外底地面铺有细黄沙和少量小河卵石混合、土质较松散。在其椁右侧外又有散乱"+字缝"排列砖砌的墓壁（损毁严重），该砖长 0.25、宽 0.145、高 0.6 米，砖的长肋面有两条阴线划纹，宽头为两条凸线纹为饰，紧临石椁前壁发现一方墓志铭石质盖。左右墓室的两椁之间形成 0.19 米宽的沟缝，其填充物为杂褐红色斑花土，右侧（女）下半椁身部分石椁低于左墓室约 0.24 米。左侧为男主人公墓室，通体长 2.6、宽 1.1、高 0.89、厚 0.14 米。形制为长方形由盖板、壁板、挡板、地砖构成；墓顶用五块红褐色条石平列横铺封盖，每块之间的侧面上下压榫扣合，长 0.57、宽 1.21、厚 0.16 米。两侧的壁板由两层红褐色条石砌筑而成但长度不统一，在所有的连接处都做成子母榫扣合，用石灰与米浆水灌砌，内侧面壁打磨平细而外观凿痕明显较粗。当时墓中填满了褐红色斑的细泥沙，清理底部时只有残锈棺钉、石灰、碳等物，墓底部为方形青砖平列铺设（两侧两条用方砖，中间

一条用长方形砖）。方砖边长 0.3、厚 0.05 米；长方形砖长 0.3、宽 0.145、厚 0.05 米。双穴石椁两边外侧发现许多青砖，已被挖土机全部挖开，从散落的情况看，可以大概判断，系单层平砖错缝砌法，并紧贴石椁砌筑，具体尺寸已经无法记录。在石椁左侧发现方形的墓志铭一块，右侧发现石质墓志铭盖。该墓周围所用砖为长方形青砖大部分为素面、少量砖用二道阴刻线条或弦纹装饰，砖长 0.25、宽 0.145、厚 0.06 米。移开右边石椁后，清理椁底垫层时发现青瓷小罐一件。

三、出土器物

经现场抢救性考古发掘，该墓外观破坏较严重出土陪葬品较少，除数枚铁质棺钉和半枚铜钱外（均已锈腐），不过其单穴石质椁体特别巨大、形饰富有特色，另有龙泉青瓷瓶、小金薄片、墓志铭（有盖）等出土。

1. 龙泉青瓷瓶 1 件。直口，圆唇，丰肩，颈肩饰一圈弦纹，上腹鼓而下腹急收；底足略高外刮釉中间刻一圈，圈足内修削 3 毫米的斜面、底心外凸出底足露胎，色灰中泛黄，胎和釉交接处呈火石红；通体施青釉，釉质凝厚肥润，釉面自然开片，胎釉结合紧密。整个器物古朴典雅富有龙泉青瓷特色，尺寸高 7.9、口 4.3、腹 8.1、底 4.2 厘米。

2. 小金薄片 1 片。原件装入龙泉青瓷瓶内，清洗时才被发现，质地纯金黄色，小薄片；薄片折结在一起（未曾复原），尺寸宽约 0.5—1.0 厘米大小。

3. 墓志铭（有盖）1 盒。青石质；志盖呈方盘形状，阳面平、阴面下饰边框凸出、宽 2.5 厘

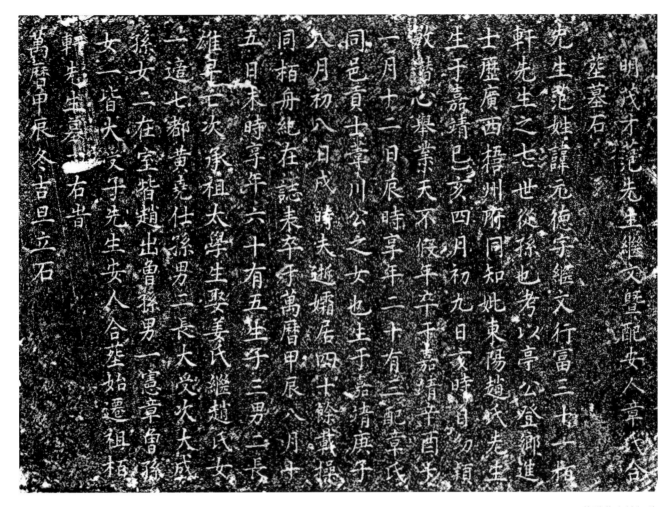

范氏墓志铭拓片

米为框沿，内框面雕平呈四方形，长40、宽54、厚8.5、边阔2.5厘米。铭文板以四边沿凿成与盖相合的凹槽，中间阳面铭文处凸起，长41、宽54、厚6.5、边阔2.5、内凸厚1.5、纵35、横49厘米。志文阴刻小楷书体，字为竖行排列18行，满行16字共258字（见上图）；全文如下：

明茂才范先生继文暨配安人章氏合葬墓石先生范姓，讳元德，字继文。行富三十一。柏轩先生之七世从孙也。考，以亭公，登乡进士，历广

西梧州府同知。妣东阳赵氏。先生生于嘉靖己亥四月初九日亥时。自幼颖敏，潜心举业，天不假年，卒于嘉靖辛酉十一月十二日辰时，享年二十有三。配章氏，同邑贡士苇川公之女也。生于嘉靖庚子八月初八日戌时。夫逝孀居四十余载，操同柏舟，纪在志表。卒于万历甲辰八月十五日未时，享年六十有五。生子三，男二，长雄早亡，次承祖，太学生；娶姜氏继赵氏；女一适七都黄尧仕。孙男二，长大受，次大成。孙女二，在室，皆赵出。曾孙男一宪章，孙女一，皆大受

子。先生、安人合葬始迁祖柏轩先生墓之右，皆万历甲辰冬吉旦立石。

四、结 语

根据墓志铭的内容可以看出，该墓地为明朝金华范氏家族墓、夫妻合葬，墓主为范元德（继文）世代书香门第，"生于嘉靖己亥（1539年）四月初九日亥时"，"卒于嘉靖辛酉（1561年）十一月十二日辰时，享年二十有三"；范元德本人自幼才智聪明，是个秀才，他原本也可以走科举之路光宗耀祖，可惜"天不假年"，早亡。墓志涉及的柏轩先生、以亭公两个历史人物，据相关文献的考证，柏轩先生即范祖干，廖七公范氏第十三世，字景先，号柏轩；金华名儒、是宋儒范浚（字茂明）之胞兄范茂仁的八世孙。朱元璋的治国顾问列为《儒林传》之一，曾为西湖书院山长学者[1]，称纯孝先生。也是范元德的第七世爷。《明史》[2]（列传第一百七十）："范祖干，字景先，金华人。从同邑许谦游，得其指要。其学以诚意为主，而严以慎独持守之功。太祖下婺州，与叶仪并召。祖干持《大学》以进，太祖问治道何先，对曰："不出是书。"太祖令剖陈其义，祖干谓帝王之道，自修身齐家以至治国平天下，必上下四旁，均齐方正，使万物各得其所，而后可以言治。太祖曰："圣人之道，所以为万世法。吾自起兵以来，号令赏罚，一有不平，何以服众。夫武定祸乱，文致太平，悉是道也。"深加礼貌，命二人为咨议，祖干以亲老辞归。《民国金华县志》[3]载"纯孝先生范祖干墓，县南庆云乡赤山"。他的门徒汪与立为他写了《柏轩范先生传》，方孝孺也赞曰："斯道之微，不能无

敝；苟非贤者，则莫振其衰，而扶其颠？自宋之亡，大统中绝，顾瞻金华有光晔晔，……范公……皆百世之士……"。范祖幹始迁金华城东马军桥（冯宅岭背至旌孝街一带），其七世从孙范信（字成之，号以亭，行德六）又从马军桥迁至金华县七都定居，是为金华七都派始迁祖。以亭公即为范元德的父亲、中乡进士，曾在广西梧州府当过同知[4]，据清《光绪金华县志》[5]载"范信、字成之，梧州知府，嘉靖四年乙酉（1525年）中举人"，而查阅《范氏宗谱》[6]的排列为范氏"第十七世、范信，成之公，乡贡，广西梧州同知"的记录，据康熙《金华府志》[7]卷十八·举人、范信的条目：己酉科"蕲州知州、梧州同知并金华人"。在广西，清乾隆版·同治十二年刊由史鸣皋纂、吴九龄修撰的《梧州府志》[8]卷之五、建置志一·地池、公署，在同知条目下，"范信，金华人，嘉靖间任"的明确记载；另有一篇王阳明逸闻逸事，其中的《斩蛟》[9]篇，甚至借用范信之言，以阳明灭宸濠之乱比附许逊铁柱镇蛟的传奇故事："嘉靖八年春，金华举人范信，字成之，谓余言："宁王初反时，飞报到金华，知府某不胜忧惧，延士大夫至府议之，范时亦在座。有赵推官者，常州人也，言于知府曰：'公不须忧虑，阳明先生决擒之矣。'袖出旧书一小编，乃许真君《斩蛟记》也。卷末有一行云：'蛟有遗腹子贻于世，落于江右，后被阳明子斩之。'既而不数日，果闻捷音。"范语如此。余后于白玉蟾《修真十书》，始知真人斩蛟之事甚详。其略云：……铁柱井今在洪都南城铁柱观中，而真人亦有庙在省城，其有功于南昌甚大。观江西士人言宁王初生时，见有白龙自井中出，入于江，非定数而何哉？这段遗闻后被山阳道人编撰的南

戏《王阳明平逆记》"。有关范信、范元德父子的行传，后又在金华兰溪的《香溪范氏宗谱》[10]内查阅到这与出土墓志铭相为符合，范信（字成之，号以亭）生有三子，以荣字辈、范元德（继文）为么子即荣三（行富三十一[11]）其他均无详细记录。再者，墓志铭又提到几件关联的事情：1.范元德的妻子姓章是一位明代贡士（苇川公）的女儿，也是金华人。2.章氏一直活到了65岁，而且还含辛茹苦地把儿子、女儿抚养成人，直至四代同堂也抚慰了她多年精心持家的寡居生活，受到官府的旌表。3.墓志又点出了"合葬始迁祖柏轩先生墓之右"之说，证明该墓为迁移合葬与祖先家族墓地，也相应提供了金华历史名儒柏轩先生墓的准确信息位置。这种迁葬习俗的形成可能与当地乡风与风水堪舆盛行有关，不过这种用极为罕见费工费时进行开山雕凿巨石为石椁的葬俗在江浙地区极为罕见；并且把墓志铭的盖与身坐分开来摆设这种做法也非常具有特色；这方墓志铭的发现证实了该墓年代和金华范氏世系作了进一步的补正具有重要意义，也为研究浙中地区明代人文、史学、丧葬习俗等提供了又一新的非常重要的实物资料。

注 释

1 清《光绪金华县志》卷八，人物理学。

2 （清）张廷玉等编撰《明史》、乾隆四年的武英殿原刊本，卷282、列传第一百七十、儒林（一），中华书局，1974年。

3 《民国金华县志》手抄本卷四，丘墓。

4 （明）叶盛撰《水东日记摘抄》卷一，"……此谱见于今广西参将都指挥使范信所。"

5 清《光绪金华县志》卷六，人物。

6 民国《范氏宗谱》卷二，世系。

7 清康熙《金华府志》卷十八，举人。

8 （清）董榖《碧里后集·杂存》之《斩蛟》篇（山阳道人编撰的南戏《王阳明平逆记》）。

9 清乾隆版（同治十二年刊）、广西《梧州府志》由史鸣皋纂、吴九龄修撰卷之11（军政志、将官、明浔梧参将，天顺五年，总督御史叶盛请设参将于各府分守，□□一府参将一员，属广西总兵官节制，各街所皆受约束；范信，天顺闲任）；卷12职官志总序、府官。《明英宗睿皇帝实录》卷之一百四十七，"○以广西署都指挥同知范信为实授都指挥同知署都指挥使事以尝有斩首贼功也"。《大明宪宗纯皇帝实录》卷之八，"○庚子命巡抚广西右佥都御史吴祯提督两广军务都督同知欧信佩征蛮将军印充总兵官镇守广西都督佥事范信充副总兵镇守……"。

10-11 民国《香溪范氏宗谱》世系卷。

2020 年度金华市社会科学联合立项课题〔编号 YB2020012〕

金东南宋"一代儒相"《王淮墓志铭》考

杜响玲　金凌　郑莉莉　蒋金治 / 文

1957 年 12 月，浙江金华城北约 6 千米尖峰山脚南麓、浙师大西北侧的一处黄土丘陵山坡，因建水库发现了南宋"一代儒相"金华籍的王淮墓地，四周砖石被村民乱挖现场散落不堪，报浙江省文物管理委员会[1]派员并进行抢救性考古工作，该墓建在山坡阳面岭背处，墓地形置呈半圆穹笼式，坐北偏东 3 度，前有拜台、墓祠建筑（享亭）遗址、神道碑（龟趺座）、按坡台逐步向下设组对文武石像生、马、虎、羊等置放（时已零乱倒立）、墓表等，经过半月考古，系为夫妻双室合葬砖石墓，内仅出土了一方墓志（及附额首）及几枚棺丁、钱币、瓦当等，清理后墓前的残留石刻雕件因水库建设被保留在现场（半淹及水库底的南宋"一代儒相"王淮墓遗址〈图 1〉）。

图 1　南宋"一代儒相"王淮墓遗址

《王淮墓志铭》碑石呈竖式、石质，分上下二方，碑上额首书篆体大字呈二平行共 14 字"宋故……王公圹铭"，每字径约 6.2 厘米。下部圹志碑首端呈两侧讹角[2]，约高 120、宽 80、厚 15 厘米。碑正文阴刻楷书共 28 行，每满直行 50 字，每字径约 1.8 厘米，计 960 字（图 2）。墓志书法潇洒流畅，文笔默然，雕工字迹流畅精美有力。兹录志文如下：

公讳淮字季海婺之金华人曾祖本隐居弗仕祖登政和初擢进士第终承议郎父师德举进士不第终宣义郎皆以公贵赠太师鲁魏楚三国公母时氏宣教郎秉哲之女以靖康改元丙午岁六月七日生公自少力学善属文绍兴十五年乙丑岁公甫冠擢进士第初尉台之临海考满四川帅辟为属官二十六年还朝授主管吏部架阁文字二十七年授枢密院编修官兼权检详二十八年初改京秩入馆为校书郎三十年除监察御史未几擢右正言

高宗方有意大用三十一年忽丁父太师楚公忧隆兴二年服除当

寿皇初政以直敷文阁为福建转运副使乾道改元□召还除秘书少监兼□皇子恭王府直讲四年知建宁府仍敷文阁，五年再为福建转运副使七年改浙西提点刑狱八年以太常少卿□君九年兼权直学士院遂除中书舍人仍兼职翰苑复兼□侍讲及□太子詹事淳熙改元除翰林学士二年春知礼部贡举时官朝奉大夫，是秋，除端明殿学士签书枢密院事三年秋除同知枢密院事官中大夫冬□郊祀庆成始以公爵开国东阳县四年夏除参知政事五年春除知枢密院事，是冬，除枢密使官太中大夫恩数并同宰相八年秋拜右丞相兼枢密院使官光禄大夫封福国公九年秋拜左丞相官特进封冀国公十三年进封鲁国公时累加食邑一万五千户实封五千七百户十四年冬十月□高宗上宾□寿皇谅阴诏建议事堂命□东宫参决庶务时公秉钧寖久精神稍耗复以母老而□上春方隆屡求退不允及□思陵复土十五年

春□高庙礼毕夏公力祈解政辞切意迫□上嘉其诚始许之去除观文殿大学士判衢州奉亲归里复丐奉祠改提举洞宵宫十六年春□寿皇逊位□嗣圣龙飞将除公镇潼军节度使开府仪同三司公适丁魏国忧□诏俟服除日降制公执丧哀毁成疾八月十□日薨□九宸震悼初除少保致仕继赠少师□辍朝三日初公丧母已□赐银绢七百至是复□赐一千官其子孙七人公娶何氏左奉议郎绅之女子八人长曰模三曰机皆通直郎四曰楳迪功郎三人先公以卒二曰枢朝散郎五曰栋奉议郎皆主管□神观六曰樾修职郎七曰□宣教郎皆监西京中岳庙八曰栻寄理将仕郎五人在焉一女适状元姚颖孙男女十四人以绍熙□元庚戌岁十二月甲申日葬于婺城之北十二里其地曰隆寿原惟公平日孝于亲忠于□君惠物而爱民荐贤而喜士谏争切直而中箴规制诏坦明而追训诰自登政路以至为相凡十有四载谋猷合乎

帝意施设当乎人心是以风采壮□朝廷膏泽润华厦，其辞章有家集在其勋业有□国史在今特叙其本末大概而纳诸圹盖千岁不朽则与此山俱传孤子王枢等泣血谨记并书

正奉大夫充敷文阁待　制提举江州太平兴国宫程　叔达　书讳　刘传刊

一、碑铭释注

王淮（1126—1189 年）字季海，金华人（金东区赤松王宅村，王氏第九世孙，著述丰富对文学颇有研究，尤长于诗、书、艺《宋史·王淮传》），其三祖皆以王淮功名册封[3]赠太师鲁、魏、楚三国公。

曾祖（六世）王本（1041—1083 年）字深伯，隐居弗仕（宣教郎、累赠太师鲁国公（葬赤

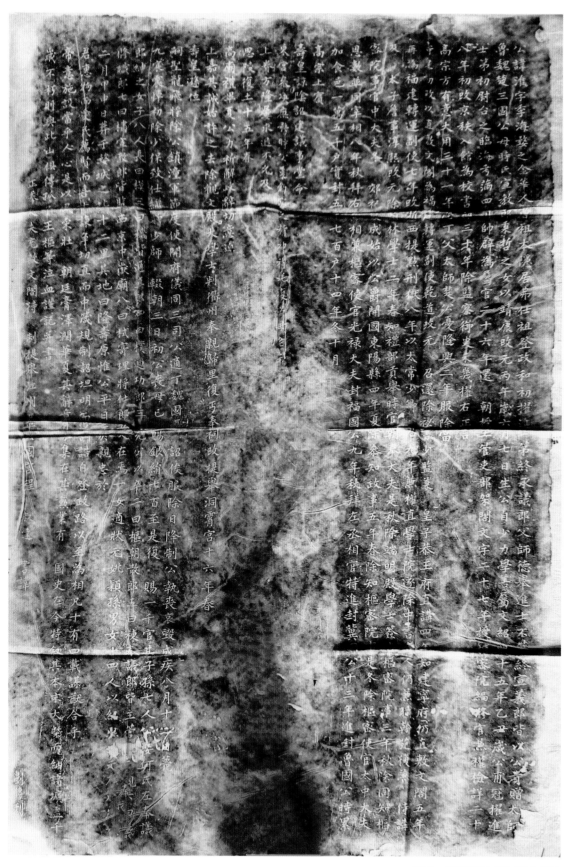

图 2 《王淮墓志铭》碑文拓片

松乡马铺岭），娶陈氏（1045—1106 年）诰鲁国太夫人（朝奉郎·尚书方大员外郎陈维之女，名陈十六娘），葬于县（婺城）之惠日乡曹村堪灶坞之原汉灶村王尖山，有碑铭"宋鲁国王夫人陈氏之墓"（六十年代此墓被毁，时伴有多件瓷与金银器件出土。2014 年 6 月宗亲会在修缮时竟发现了半支圆形头饰金钗）。生二子一女，登：字廷锡（1066—1126 年）；倚：字天锡（1070—1150 年）娶陈氏（朝请郎荆湖北路提举堂平司公事陈训之女，生一子字师尹；一女（八娘适进士曹侯），小女（二娘嫁本地进士肯为妻）。

祖（七世）王登（1066—1126 年）字廷锡，政和二年（1112 年）进士，历官迪功郎衢州盈川县丞、楚州涟水县丞改宣教郎知越州诸暨、秩满差潭州湘潭知县，终承议郎，为官有政绩。在《赤松王氏宗谱》著写王登墓铭："公幼困穷，痛自奋激，学问即长名通经籍文辞，远近从学者甚众。再荐乡书以郡上舍升贡辟，预国学荐擢第，政和二年进士，王氏世业擢第自公始……诸子于学甚厉曰论说文，又曰磨砻浸灌之诗书之泽"。又据葛胜仲《丹阳集》有篇《承议郎王公墓志铭》[4]文又述，王登在次子师心官署处曾指导捕获梁山好汉宋江等人引起朝廷重视的事件：王登的"……次子师心（吏部尚书，东阳侯）……厥后师心为海州沭阳县尉，遇京东剧贼数千人浮海来寇，公（王登）适就养在邑，命引兵追击境上，馘渠酋数十人，降其余众，一道赖以安堵"。"京东剧贼"按汪应辰《文定集》所编录《显谟阁学士王公墓志铭》："公讳师心。……登政和八年进士第，授迪功郎、海州沭阳县尉。时承平久，郡县无备，河北剧贼宋江

者，肆行莫之御。既转掠京东，径趋沭阳。公独引兵追击于境上，败之，贼遁去……"的注解。王登后敕封太师魏国公（享年 61 岁，葬于县之婺女乡黄枇坞），娶陈氏十八娘（奉仪郎大理寺丞陈琬之女）赠魏国夫人，生四子：师醇、师心、师古、师德。

父（八世）王师德（1102—1161 年）赠太师楚国公。举进士不第（有《赤松王氏宗谱》文赞师德曰："强恕而行、居易以俟、身虽不逢、有兄有子、钦之华宝、归于本原、阴德之报、在其后昆、赤松之乡、君子所宅、乔木参天、过者必式（摘金东《赤松王氏宗谱》）"；姚时氏封楚国太夫人，时氏为同郡金华大云乡安期里，左宣州南陵县事宣教郎时秉哲之女，累赠秦国太夫人，生八子：淮、涛、湜、渤、潏、洵、济、沂。

长子（九世）王淮于"靖康元年（1126 年）丙午岁六月七日生"，有《华川王氏家谱》记载：文定公讳淮之后，居城西婺女乡王家坞，公值初季之乱（适逢靖康国难，宋金交战，民众生活惨状四处躲避流离失所，卜迁于华塘，华塘王氏自此始，淮出生于郡城王外庄，后建相府故宅），公（淮）自少敏捷，言表里正，善诗文工书艺，"绍兴十五年（1145 年）乙丑岁（19岁）公甫冠擢进士第（刘章榜），初尉台之临海考满四川帅辟为属官[5]"（临海尉郡守萧振"一见奇之"言王淮日后必成大器，萧振调任蜀帅后，将王淮辟为幕僚（任上公正、立廉直事、奉敬孝德[6]（明《台州府志》宦绩传）。

墓志余下的篇幅记录公（淮）从入仕到致仕、几十年的从政仕途升迁经历，基本上与史料接近，如时间、原因、进封、官职（虚、实职）、食邑、丁忧，多次奏请朝廷赈灾减赋等等。王淮

冠擢进士第后任职，于淳熙二年春（1175年）王淮任"端明殿学士同知枢密院事"，淳熙四年（1177年）冬参知政事，至十五年（1188年）42岁的王淮(四次上章力求辞去乞归田里)祈解政辞切意迫（十六年春还在任职），也清晰点出十六年（1189年）春孝宗逊位与光宗赵惇即位（绍熙元年〈1190年〉）即位的重大朝事，下诏征求即位之初治国对策，光宗又欲拜淮使相，王淮念母子相为命者六十四年决意辞去职位止，王淮的一生勤勉扶政，步履维艰，为宋业竭智尽忠。

自绍兴"二十六年（1156年）淮还朝授主管吏部架阁文字，二十七年授枢密院编修官兼权检详，二十八年初改京秩入馆为校书郎，三十年（1160年）宋高宗赵构下令中丞举荐可以充任御史的人，朱倬推荐了王淮。（朱倬〈1086—1163年〉)字汉章，福州闽县人，授参知政事加左通奉大夫，绍兴三十年（1160年）七月至三十二年六月任丞相，封开国公，卒谥"文靖"，后尚书王师心向孝宗提议将三牧坊改为太平公辅坊以之纪念（《宋史》卷三百七十二列传第一百三十一）除监察御史未几擢右正言[7]"，提出许多体恤民情，为官、为军、为民者的理事经武及治国大业的建议，王淮在上高宗书："大臣养尊处优，下级官史保持禄位，他们以搜刮为才智，以退出政坛相标榜。臣请陛下正心以正朝廷，正朝廷以正百官"，深受高宗的赞嘉，时宋"高宗赵构方有意大用[8]"，三十一年（1161年）完颜亮分兵四路，大举南侵，宋军抗击，完颜亮被杀，金兵北撤。忽丁父（王师德）太师楚公忧，奉母庐墓，哀恸行路。隆兴二年（1164年）服除当（时朝廷与金国订立和议，农民起义，王淮与朝中抗战派纷纷上书，辛弃疾等因坚持抗战反金，屡遭妥协

派的打击，绍兴三十二年（1162年）六月，孝宗即位，锐意于革弊兴利，为岳飞、赵鼎平冤）；寿皇（孝宗赵眘1163年登位，汤思退于隆兴元年七月被擢升为右丞相，十二月又被擢升为左丞相（绍兴年间朝廷积弱已深，金军意图吞并南宋，宰相汤思退力主撤兵议和、暗中与金国联系，有负众望，在这民族危难之时王淮首谏，直言其数十条罪过，汤思退被罢免。此外，像吏部侍郎沈介欺世盗名、大将刘宝搜刮民财交结权贵等，他都一一弹劾，表现了王淮的"刚正不阿"正义感和爱国情怀）。王淮在《七言绝句·题福佑王庙》写道"关中失鹿人争逐，一去鸿门不可寻。千古英雄死遗恨，封侯庙食更何心"。在《满江红·无题》我们可以感受到这位政治、思想家内心世界以及他为国为民的胸怀"窗体顶端，踏遍江南，予岂为、解衣推食。谩赢得、烟波短棹，月楼长笛。看剑功名心已死，积薪涕泪今谁滴。想中原、一望一伤情，英雄客。形势地，还如昔。谈笑里，封侯觅。岂有于前代，无于今日。龙豹莫藏韬略手，犬羊快扫腥膻迹。看诸公、事业卜枭卢，何劳掷[9]"。

王淮初政授"以直敷文阁为福建转运副使，乾道改元年（1165年）召还除祕书少监兼口皇子恭王府直讲"[10]"四月，召归，淮奏陈"自治之策三，正心术，宝慈俭，去尘蔽，治外之策，固封守，选将才，明赏罚，备财用"的治国、治军上内外用贤才的理念），四年知建宁府仍敷文阁（当地百姓得知王淮任郡治大喜，早等从州境而迎入），五年再为福建转运副使（王淮俭以裕财，用宽以抚军民、民有骨肉之讼者，晓以恩义，有泣而去者，狱无讼声，里无叹声，当地以淮之肖像祀之《宋史·卷三百九十六·列传第

一百五十五》），七年改浙西提点刑狱，八年以太常少卿口（皇太子待以师儒，特施拜礼），九年兼权直学士院遂除中书舍人仍兼职翰苑复兼口侍讲及口太子詹事（赠少师，并有数次诏封但均被淮退还）"。

"淳熙改元（1174年）除翰林学士"（知制诰，训辞深厚，皇上曾多次与淮谈论朋党为害，王淮以策同理才者，皇上又问时局下谁可担呢淮荐郑伯龙、李焘、程叔达等），淳熙二年（1175年）春，王淮任"端明殿学士同知枢密院事"。王淮又推荐军帅吴拱、郭田、张宣，并知礼部贡举时为官朝奉大夫，是年（1175年九月，妥协派龚茂良为参知政事，改又诏书王淮翰林学士、知制诰、知贡举），秋；淮公"除端明殿学士签书枢密院事"（淮与李彦颖同行相事，淮谓："授官当论贤否，不事形迹。诚贤，不敢以乡里故旧废之；非才，不敢以己私庇之。"皇上称善。报知院事、枢密使）。时，文州一带少数民族侵扰边地，朝廷派库彦威、田淇前去弹压，均以失利告终。朝中有官员将战败归咎于库、田二将的失职，上奏请求治他们的罪。只有王淮站出来说："库、田二将出师不利，然二将均战死沙场，如若还要论罪，怎能使后继者安心打仗而无后顾之忧？[11]皇帝经过深思熟虑，认为王淮的话有道理，并且认为他"临事尽公，人无间言"，选用了王淮推荐的武将开赴前线。王淮认为："授任官职应当以贤能与否为评价标准，而不在于表面的形迹。确实贤能的人，不会由于他是乡党故交而弃之不用；不是人才，也不敢因为自己的私心而提携。"皇帝认同这一理念。竭力荐举贤才朱熹、吕祖谦、辛弃疾、陆游等都曾受其荐举，一时朝廷人才济济。"淳熙三年秋，

除同知枢密院事官中大夫，冬口郊祀庆成始以公爵开国东阳县（《续资治通鉴·宋纪·宋纪一百四十五》）"，四年（1177年）夏，孝宗罢龚茂良，起用王淮"除参知政事"（王淮拜右丞相兼管"枢密院"事务。有史记此当年发生一怪异，初夏至深秋天炎热干旱较长，而御令下达的王淮为相当天，时侵雨如泻，百姓官员们竞相庆贺，皇帝认为得贤人，感动天神而下甘雨，于是下令免税三月计缗钱达八十余万），夏，除参知政事。五年春（1178年），"除知枢密院事"（三月，蜀帅胡元质奏青羌寇降，吴挺奏草寇降，淮请招抚之但守臣不得邀功。在枢密院王淮力主贮备抗金，尤其对"立有战功之人，壮年时加以使用，让其为国出力，年龄大就不能抛弃，得受之关爱和奖励制度？"孝宗皇在经过考虑后决定用人政策。其时辛弃疾平定江西寇贼，王佐镇压湖南寇贼，刘焞平息广西寇贼等诸多方面王淮均处置得当，论功行赏亦公正无私，孝宗表扬道："陈康伯（高宗、孝宗两朝宰相）虽有声望，处事则不如卿。"注重赈济遭水旱灾害的饥民，奏请宽刑减赋。言行稳健，善于调和矛盾。朱熹与唐仲友不和，互相攻讦，孝宗问王淮，淮以"秀才争闲气"答之，居间调停息事（《中国历代人物年谱考录》第五卷·谢巍著）。"五年夏四月乙丑朔，诏叶衡任便居住。丙寅，以礼部尚书范成大参知政事。赐礼部进士姚颖以下四百十有七人及第、出身"，乙亥，以钱良臣参知政事。丁丑，以赵雄为右丞相，王淮为枢密使《宋史卷三十五孝宗三》）。

是冬；"除枢密使官太中大夫恩数并同宰相《白话精华二十四史·宋史卷三十五孝宗》[12]"淳熙六年（1179年）孝宗在淮"理财"国策主张下

把地方州县钱物集中到国库之中，设封桩库为重要备战的储备（北伐抗金），时封库银只有现钱530万贯，至淳熙十年（1183年）增加到3000多万贯，加上地方积库钱，共达4700余万贯，所以国库富足了才有军事强兵，抵御外敌，恢复中原，淳熙七年（1180年）二月王淮上奏魏王[13]恺薨于明州（时35岁），须宽容善扶皇次子，作为王室成员又是下臣，而恺以宽厚仁慈受属地官民爱惜，又深得皇上所怜爱，虽外任越地每每念之，赐赉不绝。年轻的离逝也为孝宗皇赵眘极度而悲哀："向所以越次建储者，正为此子福气差薄耳"，即旨"谥惠宪"。皇子赵恺以勤恳治邦有声名，在其多地百姓中受爱护，虽未及金华但在司台衙署中设有旧居。在金华州署内至今还嵌于东院二进耐寒轩西厢壁墙中石碑顶雕有螭龙，额上大楷书体"皇子节度使魏王诏书"，下文共五行行书计155字，刻于南宋乾道七年（1171年）；碑文："敕保宁军官吏军民僧道耆寿等：朕以皇子恺赐履大名，偃藩宁国，仍元衮视仪之贵，兼斋旄制阃之雄，乃眷东阳，寔居近服，缅想提封之内，当知宠命□新，凡在骿矇，式同鼓舞。今特授恺雄武、保宁军节度使，判宁国府，依前开府仪同三司，进封魏王，加食邑一千户，食实封肆佰户。故兹主（示）谕，想宜知悉。春暖汝等各此好否，遣书指不多及。十六日敕乾道七年二月 日 立石"。册封赵恺碑为魏王，雄武、保宁二军节度使，判宁国府，加封食邑的告谕。明万历《金华府志·赐爵》中"本府大司内有刻石敕书一道，陷立一公堂后壁，乃乾道间晓谕官吏军民者也"，所之王淮任上确证赵恺魏王宋室裔石刻（清一代有"三朝阁老、九省疆臣"之誉的著名政治、文学和诗人阮元曾在金华有诗曰"……

六百余年老宋客……乾道七年魏王宅。摘《揅经室集》）"。

图3 王淮像

淳熙八年秋（1181年）八月癸丑，王淮（图3）任"右丞相兼枢密院使官光禄大夫封福国公"《二十四史：宋史卷三十五孝宗》是时淮任之日甘雨如注，朝士相贺，曰："此传霖也"。时户部言诸郡旱者，农商受益绢钱其缗，皇上喜曰"命相而雨，尽除一年"。成都补帅淮举留正，帝问"非闽人乎"淮对"立贤无方"，又存刘国瑞、李昌图、葛郯、熊克、赵汝愚可闽帅，张杓挈克家可为，帝皆用。

淳熙九年（1182年）时朝廷荒政为急，王淮上奏："李椿阅历深又通晓人情世故，当让他出镇长沙，朱熹有才学，应让他出任浙东提举，以为郡国倡导[14]"，成都缺帅皇帝物色人选无法定夺，王淮举荐留正。皇帝问道："留正不是福建人吗？"王淮回答说："立贤不论地域，商汤不偏不倚做得很公平。一定要说闽地出了章子厚、吕惠卿那样的奸臣，同一地区不也出了曾公亮、苏颂、蔡襄这样的贤臣吗？若说江浙多名臣，不也出了丁谓、王钦若吗？[15]"皇帝认为很对。秋，王淮"拜左丞相官特进封冀国公"克家为右丞相，同心辅政。淮以进贤为己任，请郑丙、芮辉、余端礼以整文经律事，郑田、张宜堪可担帅才之。九月，由王淮荐朱熹，改除提举浙东常平公事。王淮说："实施政业，是行其所学，百姓得到了实惠，我想为他晋级。"得到皇帝认可。钱象祖评淮"可问当世人物"。孝宗朝淳熙间是在淮扶持下政治、军事、文化（人才）、商业隆兴之盛时。

十三年（1186 年）正月高宗圣寿，淮主持典礼施政治疆等，其后又"进封鲁国公时累加食邑一万五千户实封五千七百户[16]"并恳辞焉。（按《光绪金华县志·政事》[17]文"凡在枢迁七载，选拔中外诸臣，悉称其职，四方所陈军务，应之均中事机，孝宗深嘉之"，"初上问当世人物，淮举京镗、郑侨、何澹、袁说友、辛弃疾、谢深甫……吕祖谦、洪迈、陆游、陆九渊、尤袤、罗点、钱佃、司马伋、赵汝谊、赵彦中、詹谊之……程珌……上皆用之，以故淳熙人物之盛，古今罕伦比"[18]）又《宋史·儒林传·杨万里传》载丞相王淮推荐朱熹、袁枢、岳霖、郑伯熊、李涛、程叔达、辛弃疾等 60 人才"淮次第擢用之"。周汝昌先生《杨万里选集·前言》将此事系于孝宗淳熙十三年（1186 年）。《中国大百科全书·中国文学卷》"杨万里"条又云："（淳熙）十三年，迁枢密院检详官兼太子侍读，相王淮推荐朱熹、袁枢、岳飞等 16 位人才。"在淳熙十二年（1185 年）间所荐乃 60人，而非 16 人。检《四部丛刊·初编》影印宋钞本《诚斋集》卷 113《淳熙荐士录》[19]。

又"十四年"（1187 年）周必大任右相，留正任参知政事。天长县遭水灾，七十多户人家受害，有人说不必上奏皇帝，王淮责成有关官员立刻如实上报说："前人曾说皇上不可一日不闻水旱盗贼，《论》曰：'天下歉收，一定要先让皇帝知道。'怎么可以不让皇帝知道呢？"。有一回，镇江发生饥荒，镇江饥饿百姓强行向政府借粮，地方官请求严厉惩罚百姓，王淮说："法令规定，饥民犯罪不致被处死[20]"没有应允其请求，并且要求开仓放粮，赈济百姓。又八名进士请求用免举恩数晋级，王淮回答说："八人得到后，则会有百人援引为例。"龚颐以执政门客补官，请求去铨曹任职，王淮认为不可开此先例，予以拒绝。王淮曾说，"放荡不羁，不循规矩的人，危急时刻会全力以赴，不惜舍身"，于是让周极出任安丰军知军，辛弃疾任祠禄官。秋十月，高宗上宾、口寿皇谅阴诏建议事堂、命口东宫参决庶务（"……诣德寿宫侍疾，太上皇崩于德寿殿，遗诰太上皇后改称皇太后。奉皇太后旨，以奉国军承宣使甘昇主管太上皇丧事……翰林学士洪迈言大行皇帝庙号当称'祖'，诏有司集议以闻。……诏尊皇太后。辛巳，诏曰：'大行太上皇帝奄弃至养，朕当衰服三年，群臣自遵易月之令，可令有司讨论仪制以闻。'甲申，用礼官颜师鲁等言，大行太上皇帝上继徽宗正统，庙号称'宗'。十一月，帝以白布巾袍御延和殿。……诏皇太子惇参决庶务。庚子，皇太子三辞参决庶务，不许。……辛亥冬至，西南方有赤气随日入。……乙卯。雷。戊午，诏皇太子参决庶务于议事堂，与宰执同除授讫乃奏。……诏三日一朝德寿宫。十二月壬午，东北方有赤气随日出……"[21]），时；公秉钧寖久精神稍耗，复；以母老而口上眷方隆屡求退（正适国家安定，王淮功成身退，上书皇帝请求告老回乡，辞去职位，因为母魏国夫人年事已高，到金华养老），孝宗不允，及口思陵复土，"十五年（1188年）初春，口高庙礼毕（淳熙十五年春正月丁酉朔，诣德寿宫几筵行礼。戊戌，皇太子初决庶务于议事堂，……三月庚子，王淮等上大行太上皇谥曰圣神武文宪孝皇帝，庙号高宗（三月宋高宗赵构葬于永思陵，四月祔庙，"淮见皇上面陈辞极危苦，皇上恻隐勉从"）。乙巳，上高宗谥册宝于德寿殿，又上懿节皇后改谥宪节册宝于别庙本室"（《二十四史·宋史卷三十五孝宗》），夏；王淮"祈解政辞切意迫"（四次上章力求辞去），五月"口上嘉其诚始许之去，除观文殿大学士判衢州，准奉亲归故里，复丐奉祠改提举洞宵宫"。时，孝末光初期宋朝比较安定，百姓比较富裕。"十六年（1189年）春口寿皇（孝宗）逊位"[22]，但与史料（《中国历史年代简表》，文物出版社1973年版）所记录光宗赵惇当年即位（相差一年），墓志记载春季就接位、临朝听政，从墓志所述弥补史籍所载之不足。

口嗣圣（1189年）光宗赵惇即位下诏征询初治国对策，王淮认为应"择将、备器、简兵、足食"，主张备战抗金，民生奉己"尽孝进德、奉天敬民、用人立政，罔不在初"，光宗又欲拜淮使相，淮适生母去世，王淮以礼服丧传新皇临上诏：服除日除将制，淮居丧如礼还。王淮念母子相为命者六十四年，闻王人及门传宣慰问，赐以金及帛匹"银绢七百至是复口赐一千，官其子孙七人"，王淮起拜命自草奏称谢。（注：例举十世，槵〈行文略〉，王淮第七子，朝议大夫。累赠朝奉大夫。娶史氏〈史浩之女〉庆元府鄞县人，太师太保宁军节度使魏国公，谥："文

惠"，追封"越王"。十一世備〈行文略〉，绍定元年转朝奉郎通判、平江府事，由户部除浙西部使者，侍母舅大丞相史〈史弥远〉、卫忠献王，未及还家卒于临安府寓舍，享年41岁，備娶郑氏侨之女，观文殿大学士赠太师，谥："忠惠"……，按《高宗实录》淳熙十六年〈1189年〉郑侨〈1132—1202年〉，字惠叔，乾道五年〈1169年〉殿试状元，出使金国，遂据理力争，终使金人以礼相待，完成了使命。后官至参知政事，知枢密院事的相位，赠太师、封"邬国公"，谥"忠惠"）。

龙飞[23]将除公镇潼军节度使开府仪同三司[24]，公适丁魏国忧（当地守孝风俗），口诏俟服除日降制，公执丧哀毁成疾（1189年）八月初得疾（传王淮对家人说："《易》有六十四卦，我的寿命也是如此"），正是所料于当月十二日夜漏十刻薨，遗表上闻，噩耗传至京师，两宫震惊，"口九宸震悼，初除少保致仕继赠少师，口辍朝（光宗赵惇）三日[25]"皇帝十分悲伤，称其"不党无私，刚直不阿"人，停止临朝视事三天以哀悼。襚以白金及帛匹各两千，家属和省府官员以治丧事。次年葬婺北觉报寺旁，赠王淮为少师，谥号"文定"。据南宋楼钥《攻愧集·少师观文殿大学士鲁国公致仕赠太师王公行状》载："……王公讳淮，字季海。……绍熙元年十二月甲申，葬于婺城之北十里许隆寿之原。……子八人，……模、机、朴皆先卒。"又据《宋史·卷三九六·王淮传》[26]载："王淮，字季海，婺州金华人。……八年，拜右丞相兼枢密事。……上称善。拜左丞相。……淳熙十六年薨。讣闻，上哀悼，辍视朝，赠少师，谥文定。"据南宋杨万里《诚斋集·宋故少师大观左丞相鲁国王公神道

碑》载："公讳淮，字季海。其先太原人，五季避地至婺。八世业儒……"。

王淮"公娶何氏左奉议郎绅之女"，何氏讳娟（1132—1200 年），永康人，左奉议郎知温州瑞安县知事何绅之女。绍兴二年戊申十一月初八日未时生。封楚国及秦国太夫人。庆元六年庚申六月十五日，终于临安府于潜官舍，享年七十三，葬同夫圹。后累赠齐国夫人（绍兴绍兴戊寅封孺人，后累赠至淑人、信安、同安、东阳三郡夫人。又永福、吴越、鲁冀六国夫人。绍熙辛亥年，诸子通籍于庙两南郊，恩封楚国及秦国太夫人），夫人事亲至孝，相夫教子，遇安而慧，待人宽厚。生八子二女[27]，八子：长曰模通直郎（监西京中岳庙）、二曰枢朝散大夫新权发遣岳州军州事、三曰机皆通直郎（监西京中岳庙）、四曰樸迪功郎、五曰栋奉议郎皆主管口神观（朝散大夫新通判临军府事）、六曰橒修职郎（通直郎知绍兴府上虞县）、七曰橚口宣教郎皆监西京中岳庙（朝散大夫新擢发遣辰州军州事）、八曰栻寄理将仕郎（修职郎新监台州支盐仓），模橒樸三人先公以卒，五人在焉。

墓铭述出淮公"一女"，而根据《赤松王氏宗谱》载女有二，长女"适"状元"姚颖"[28]。宁波最早的状元——姚颖，字洪卿，号苍辰，生于宋代绍兴十九年（1149 年）庆元府鄞县（今浙江宁波鄞州县）姚家浦村人，10 岁能文，人称神童。姚颖博闻多识，性情淡泊、谨雅，学风质朴，文章俊秀，师从名儒郑锷。孝宗淳熙五年（1178 年）戊戌科中状元（《宋朝进士三鼎甲题名录（十）编制　赵国清》《宋史翼》卷二·《姚颖传》），试文对策条目清晰，力贯宗旨，尤论国事翔实，受孝宗褒奖擢为第一，授签书宁节

度判官厅公事。召为秘书省校书郎，通判平江府，到任不久便患病，惜其英年早逝年 34 岁，理学巨擘叶适为其撰写了墓志铭（清道光二十一年〈1841 年〉《姚浦东柱房谱》以及《姚氏东柱房谱》收入其纪文），关于夫人王氏十六娘在明《鄞县志·人物表二》记曰"姚颖妻王氏节孝"在"淳熙十年（1183 年）颖卒，王年二十三，泣告父母：誓不背姚氏。却铅华不御，抚教子女、事舅姑无敢慢。"又浙江诸志皆记有：颖之子"有二，曰元特，曰元哲。皆修谨好学"。"元特，字善长，袭荫为饶州安仁县主簿。元哲，绍定二年（1229 年）己丑黄朴榜进士，初授福建连江县主簿，嘉熙间迁汀州知州事。"在《福建通志》《福州府志》《连江县志》《汀州府志》等"职官"表中皆有记载。小女"早世未适"。

墓志文中有"孙男女十四人"等（文中略内有考）。

"以绍熙口元庚戌岁十二月（1190 年）甲申日葬于婺城之北十二里其地曰隆寿原"（庚戌十二月甲申，葬于婺之北郭外隆寿原（王淮身受亡国之痛，力求恢复故土之志，直至临终嘱抚其子孙们要求将其墓址面朝北方，还在为收复失地之而遥望恢复大宋国疆域。摘金东《赤松王氏宗谱》《金华光绪县志》记载[29]）。

"惟公（王淮）平日孝于亲忠于国君，惠物而爱民荐贤而喜士谏争切直而中箴规制[30]，诏坦明而追训诰，自登政路以至为相凡十有四载谋猷合乎"（淳熙二年春（1175 年）参知政事，至淳熙十五年（1188 年）春因健康原因辞去左丞相，淳熙十六年（1189 年）春还在任职，不久，回金八月病故（宋孝宗在位二十七年〈1162—1189

年〉）中，有鉴于高宗时秦桧专政十九年，故孝宗朝的宰相均不久于任，孝宗共任用参知政事（相当于副宰相）三十四位，宰相十七位，历二十一任次。最短者才三个月而已，平均每人每次还不到2年，而王淮拜相长达七年从淳熙二年（1175年）任端明殿学士同知枢密院事至参知政事、右丞相、左丞相达十六年累朝，这种状况在孝宗朝真可谓是极为少见。王淮一生为官四十多年，竭力荐举贤才、力主抗金、为国为民、忠谏孝规、与世无争，至后急流勇退）。"帝意施设当乎人心是以风采壮口朝廷膏泽润华厦，其辞章有家集在其勋业，有口国史在今特叙其本末，大概而纳诸圹盖千岁不朽则与此山俱传孤子王枢（次子、朝散大夫、新权发遣岳州军州事[31]）等泣血谨记并书"

"正奉大夫充敷文阁待制、提举江州太平兴国宫程叔达"（程叔达〈1120—1197年〉）字元诚，进士，历华文阁直学士、宣奉大夫，封新安郡侯（文中略后有考）为王淮书写了圹志正楷文。

圹志镌刻工匠"刘传刊"查阅多处，未见史料记载，疑为当地著名刻师。

二、墓志铭涉及的人物与事迹考

1. 前六代赤松王氏及部分后裔相关信息

王氏渊源：族人及居地简考以金东《赤松王氏宗谱》载：琅琊郡凤林王氏始祖系东晋开国宰相、三朝元老王导二十二世孙、宋开国右金吾上将、尚书令、封邠国公、"杯酒释兵权"事件的名将王彦超之后裔。王彦超从越州会稽（绍兴）至义乌凤林（今义乌赤岸镇前川村）定居，其第三子王槐（1099—1196年）：字植三，历翰林

学士、大理寺卿，致仕后归故里居婺州（金华）又迁居婺州城西五里之婺女乡（金东王家坞）。

二世：仁安（生卒略、行文略），葬于赤松乡魏家山与何氏同圹。继娶胡氏（胡氏葬于赤松乡观音院后山）生六子：从用、从浩、从广、从简、从和、从谏。三世从浩（次子，宋开宝庚午科乡贡进士，苦读"四经"和"通史"）娶刘氏生一子居义。四世居义（978—1059年）字希至，娶张氏、继马氏生四子，惟尧、惟育（字良成）、惟宝（字景贤）、惟奕（字景山）。五世惟尧（1022—1098年）字良辅，圹地现城东郊外，娶陈氏生四子，本、冲、阜、常（谱云：府君慷慨有志，刻励读书，长游四方，寻师访友，熟南北事宜，识天下形势之要，不遇而老归）。六世王本（1041—1083年），字深伯，享43岁赠太师鲁国公（旌孝门外马铺岭生圹地），娶陈氏生赠太师鲁国夫人生二子一女（二娘适进士肯），七世长子王登政和二年进士，幼子王倚，字天锡（1070—1150年），一子师尹，一女八娘适金华进士曹俣。王登有师醇、师心、师古、师德四子为荣。

八世王师醇：（1095—1129年）字与浩，宋宣和癸卯科乡贡进士举十二名，赠奉议郎赐绯银鱼袋。娶曹氏（将仕郎曹青之女，赠安人故于隆兴府南昌县署）子二人演（一子桧）、泫（师心的第四子过继）。师心为其哥述书墓志"大奉议问学精赜以能文称，尝荐礼部名实乡焉第士名也，奉公素爱其端重……仲弟左中大夫知洪州军州事师心述并书"。

王师心：（1097—1169年）字与道。徽宗政和八年（1118年）进士。初为海州沭阳县尉，曾狙击宋江起义军。累升大理寺丞，入为侍读，

南宋绍兴十三年（1143年）忤秦桧，出知袁州。绍兴二十四（1154年）年，浙东大旱，衢州饥民啸聚。次年，师心知衢州后，竭力赈济饥民，安抚流民。二十六年，升敷文阁待制知荆南，充荆南湖北路安抚使，悉力抚招外流农民，户口日增。升给事中兼侍读，进谏帝王之于史在观得失、究治乱被采纳。绍兴二十八年，浙东大水，以显谟阁直学士知绍兴府，充两浙东路安抚使，减赋宽债，赈济饥馑。时朝廷拟迁显仁皇后陵寝周围20里内士民坟墓，激起民愤，经师心力谏，获免迁760多座。继知福州，充福建路安抚使。隆兴元年（1163年），提举江州太平兴国宫。二年，知湖州。时水旱之余，疾疫大作，道殣相属。公既为粥以食饿者，又遣僚属劝分，多所全活。乾道元年（1165年），提举江州太平兴国宫，再上章告老。乾道五年（1169年）十有二月戊戌，卒于里第，享年73。诏赠特进。卒谥庄敏，以左奉议大夫致仕，册谟阁学士左宣大夫东阳郡开国侯食一千五百户实封一百户。著作《易说》（乾道六年十有一月甲申，葬于金华惠日乡常乐寺之东原）。师心夫人曹氏（吉州助教曹诏的第三女儿），恩封鲁国夫人、累赠秦国及魏国太夫人，生六子。沄：（长子将仕郎），涣：次子，右通直郎、前权通判宁国府事，其次女四娘适迪功郎唐仲恭（金华儒学三大家之一的唐仲友弟），充：（字季充，右宣教郎、前福建路提举市舶司干办公事），浤：（右承事郎、新两浙西路提点防刑狱司干办公事及，承事郎监临安府都监仓转宣议郎公，过继长兄师醇为子），注：（四子，将仕郎、右迪功郎、新监行在太平惠民局），淑：（先亡），汾：（右承务郎），其三个女适（一娘嫁迪功郎曹宗蔚，八娘嫁进士曹三锡，十娘嫁进士潘仁）金华同郡。孙男六人，柄：（右承务郎），楷、杞、秝、梓、樾、朴。孙女六人。曾孙男一人。谱赞王师心曰："敦厚宽裕，不为表襮以求赫赫。拊兄之孙如己子，族女之贫不能行者，皆使之有归。虽自奉养俭薄，既退居，自号适翁，所著诗文章奏，藏于家。自公仕宦五十余年间，世之变故多矣，铭曰：恂恂王公，率履由衷。不矫为异，不阿为同。在西柄臣，欲人同已。利诱威胁，翕然风靡。时方搚克，争进羡余。公散其积，代民通租。时方告讦，人莫自坚。公独哀矜，劝以无然。皇明独断，屏除群邪。公以不倚，帝庸褒嘉。国计之重，尔其开阖。朕命之严，尔其出纳。乃侍经席，乃长天官，乃眷大邦，于蕃于宣。寒暑贸迁，谁能不移？中外出入，谁能具宜？公惟一意，秉此常德。更阅事变，其仪不忒。进退有余，寿考且宁。归安斯丘，始终哀荣。天道与善，人或疑之。视履考祥，其观此诗（摘《赤松王氏宗谱》）"。

王师古：（1099—1130年）字与稽。宋宣和癸卯科第一名解元（尝为南剑州教授，后历仕州县，皆有治绩，官终广东提刑。有《资治通鉴集义》及文集。《金华贤达传》卷八人物"……师古任袁州宜春县主簿，后任南剑州教授，隆兴间任青田令，淳熙八年知江州，建拙堂与爱莲堂于濂溪祠侧，历仕州县，皆有治迹，除广东提点刑狱）。夫人汪氏（将仕郎汪孚女儿，享年23岁与夫同穴马铺岭），继室陈氏（蔡州与县人今为金华人陈倚之女后归册家守制终于母家享37岁），生一女名陈三娘适承事郎汪浩。

王师德：（1102—1161年）字与善，在家设私塾教书育人，恩封承事郎加宣议郎，后封楚国公，赠太师，师德生八子淮（长子：登绍兴十五年进士，淳熙年间拜左丞相）、涛、湜、渤、濬（1133—1213年，字季明，有二子，柏、枃）、洵、济、沂。一女十三娘适眉山朝散大夫侍左郎中苏林（《钦定四库全书》、敬乡录卷七·元吴师道辑"苏林字伯茂，谔之子，以祖恩初任绍兴嵊县主簿，再中漕举知严州建德县监都进奏院，丁父忧免丧添差通判秀州干办诸军粮科院司农寺主簿将监丞，补外知衢州福建提举就除通判转朝散大夫，曾经大量收存陆游诗文，并付刊刻，有子熙、照。"父苏谔字伯昌，简长子，以祖迟恩得官，曾知柳州、邵州、韶州等地，官至江东提刑、秘阁修撰、大理卿。后奉祠卒，官朝议大夫，赠至正奉大夫。有《拙斋集》。谔有子林、郁。祖苏简（？～1166年），字伯业、眉山（四川）人，居婺州。苏辙孙、迟长子。转朝议大夫，封眉山县男。直龙图阁、知洪州，《建炎以来系年要录》卷四三、一七九、一八三、一八七，明《金华贤达传》卷四有传）。

八世王师愈：（1122—1190年）字与正。小字齐贤，十三岁时赋竹有："愿坚松柏操，同保岁寒心"之句，为时人所叹赏。后受业杨时，学《易》、《论语》。绍兴十八年（1148年）戊辰科登四甲进士第16名（王佐榜）。为本地大儒潘良贵门人，又从杨时、吕祖谦、张栻交游，授迪功郎，调建州崇安尉，未行即遭母丧。服满后调任临江军教授。乾道二年（1166年）任宣教郎知潭州长沙县。施政一以仁恕安静为本，纲目严整而守之有常。百姓有讼事，他循循善诱。对当时装神弄鬼，蛊惑民众者，擒其首领，厉禁巫鬼，使民俗为之一变。在代知严州

时，赏信罚必，土豪不敢妄为。救赈饥民尤为周密，并请奏蠲免徭役，减轻百姓负担。大旱之年，先有布置，境内无馁者，且有余粟救济其他地方。他为官清正，后累官至两浙西路提点刑狱，转朝议大夫，封金华男爵。以直焕章阁致仕。丐祠卒。年老致仕，绍熙元年（1190年）七月卒。大云乡安期里人。朱子为其作墓志：称其品学皆优，德高望重（祖：常，父：景文，母：贾氏）。五子：瀚字伯海（1153—1211年），其子为桐、柏、材）汉、岳、洽、潭及五女，长房孙：王柏（娶俞氏）著名理学家，《王氏宗谱》·崇祯四年辛未修谱序"《人物》中记载"金华号小邹鲁"，何王金许四先生（金华学派的四位学者即何基、王柏、金履祥和许谦，史称"金华四先生"或"北山四先生"）金华学派代表人之一，谥"文宪"）。

后裔中十世王槐，（1177—1249年）字翼之，系王师心的孙即充（祀、楠、梓、樾、桧、槐、榛）的第六子，朝散大夫，主管建宁府武夷山冲祐观（娶朝请郎张贞卿之女，封安人赠恭人生一子名侁）。……金华王氏一族从仕宦在各地约五百人之多。

宋宣和三年（1121年）为避方腊在婺州之战，王氏一支从王家坞迁居城区夏塘，今雅堂街醋坊岭一带（即现四世一品巷），王氏另一支从王家坞迁移至赤松宫前王外庄，近临赤松宫又名宫前宅（王宅村前身），王淮曾诗咏祖地《田家》风景环境曰"流水绕柴门，门前小径村。棘篱喧鸟雀，桑野散鸡豚。午灶黄粱熟，春缸白酒浑。田翁无少事，閒坐弄诸孙"。宫前宅该处地名其堂侄王柏先生在《长啸山游记》中描写到村的旧址，是一座龟形山（土名墩头）"辛卯之

秋，八月末晦有六日，长啸子与客游北山。未至赤松三里而近有余，先之别业焉。一山崛起于平壤之中，顾而异之。启柴扉，穿小径，步至其巅，势如卧牛。南望积道，山如覆釜，当前皆赤松应山也"故名。

明洪武年间，因村庄坐落于金东赤松溪以西又名"宫前西宅"村，明开国文臣刘基也为村祠题写："江南望族，海内名家"。后弘治间金华郡守郝隆曾往该村拜祭王氏丞相祠府并题词"婺州生道学，宰相出金华，除却王侯外，江南第一家"，首次由官府提咏王氏家族为江南第一家，清末后由于多种原因更名为"王宅村"至今沿袭其名[32]，现属金东区赤松镇辖区。

2. 姚颖：（1140—1183 年）博闻多识，文章俊秀。在南宋淳熙五年（1178 年）戊戌科考中状元。授承事郎，授签书宁国军节度判官厅公事。八年召为秘书省校书郎，不因循旧例，必手校真伪后落笔。后因岳父任左丞相，为避嫌自求外放，出为通判平江府，决讼以制豪强为旨。平江府（苏州）任职期间任劳任怨，在一次灾害抢救中，由于连续昼夜劳累，病逝在平江府官署中，即淳熙十年十一月十三日。享年三十四岁，著有《家集》。理学家、温州永嘉人叶适（1150—1223 年）与姚颖同榜进士，姚颖卒后，曾撰《宋故宣教郎通判平江府姚君墓志》记述颖之乡贯、身世、宦迹、生卒甚详，惜"卢文"未录。斯摘录为证："余友四明姚君洪卿，淳熙十年十一月十三日终于苏州馆舍。余哭送其枢出盘门。十二月十二日葬鄞县阳堂乡延寿寺山"。"洪卿讳颖。曾祖阜：左迪功郎；祖孚：左奉议郎；父孝全：以承事郎致仕。""赐第时，余与之同谢，又同期集事甚久。""洪卿二男……一

女……夫人王氏，今丞相冀国公之女也"（摘《鄞县姚氏族谱》人物卷、《宁波府志》）。

三、王淮墓价值及考古调查

1. 神道碑：

①神道碑：（发现时位于第一排武石像生的西侧台）高 3.90 米，宽 1.82 米，厚 0.31 米，关于题写碑文的时间约淳熙十六年（1189 年）至 1190 年十二月前，由陆游题额"宋左丞相鲁国公神道之碑"，杨万里撰文，楼钥书写文字"神道碑"的置放及龟趺座定位（按浙江省文物考古研究所及八十年代的文物普查记录为依据）[33]。

"陆游题额"：（1125—1210 年）南宋文学家、史学家、爱国诗人，字务观，号放翁，山阴（今绍兴）人，淳熙十三年（1186 年）初得丞相王淮的推荐，宋孝宗再次起用陆游为朝请大夫权知严州军州事。十六年（1189 年）冬，陆游约 65 岁，在严州梅城任满期并入京行在礼部郎中兼实录院检讨官，时，对曾影响过陆氏、为政清廉的"同乡"人题请神道碑额，足见陆游的情结和尊重。陆游书法雄放、笔力谨严、擅长正、行、草法，尤精草书，讲究对比的变化和节奏。

绍熙元年（1190 年）由于"喜论恢复"，受兵部侍郎右谏议大夫何澹弹劾"不合时宜"及主和派围攻最终以"嘲咏风月"为名离开京师，嘉泰二年（1202 年）被罢官，十三年后主持编修孝宗、光宗《两朝实录》和《三朝史》，官至宝章阁待制。一生创作颇丰，据汲古阁所刻的《陆放翁全集》有《渭南文集》50 卷；《剑南诗稿》85 卷等。

"杨万里撰文"：（1127—1206 年）字廷秀，

吉水人，南宋中兴大诗人、诚斋诗体创始人，与尤袤、范成大、陆游"南宋四家"之誉，尤以"映日荷花别样红"、"小荷才露尖尖角"等清新、明眸、朗朗上口的诗歌传诵至今。约淳熙十五年（1188年）七月至第二年十月在知江西筠州后被召还朝，此间杨万里邀写《神道碑——王淮祭文》并收录其著作，也在金华留下丰富的传奇色彩。淳熙十六年（1189年）冬后杨就又奉命迎接金使北渡江淮（罗大经《鹤林玉露》乙编卷一，中华书局，1983年点校本，119页，所著《诚斋集》一百三十三卷（包括《江湖集》《荆溪集》等10种诗集等）。

"楼钥书写"：（1137—1213年）南宋文学家、书法家。字大防，又字启伯，号攻媿主人，明州（宁波）人。隆兴元年（1163年）进士，宁宗立，韩侂胄掌朝政，不肯依附，遂改显谟阁直学士，出知婺州（在金华多次修复、走访文化景地和王宅等，也了解王淮清濂、耕读世家），曾作多首诗文如《婺女极目亭》"危楼雄踞郡城东，扫尽秋云快碧空。目力不容山隔断，诗情长与酒无穷。先分楼下双溪水，高挹人间万里风。兴逸不知真近远，五弦声里送归鸿"。楼钥在淳熙十六年（1189年）间为王淮书写了神道碑书法，为后世研究宋代书法留下极珍贵的文献史料。

楼钥嘉定初年同知枢密院事，升参知政事，又授资政殿大学士，提举万寿观。卒赠少师谥"宣献"。《书史会要》称楼钥"善大字，高宗时太学成奉敕书匾"而名俱朝野。

②修正：

疑错点（许多地方不符），例如：在查阅《光绪金华县志》中的，其立神道碑的时间有误差的信息，县志卷十五之"金石"类，显然对王淮卒前就立神道碑是完全误导，可能是刻者未校误刻，即"故少师左丞相鲁国公王淮神道碑，绍兴元年杨万里撰，楼钥书，陆游题。盖在县二十九都觉报寺。按，石佚文存"。王淮卒于淳熙十六年（1189年），绍兴元年（十五年〈1145年〉淮才中进士）还活在并未任官职，实应更正为绍熙间之误镌。县志又载说"神道碑"已佚，可是在1957年考古时发现该碑还存在现场却保存相当完好，不过最后还是遗失……另其他文献中对封号、子孙姓氏错标较杂……等等不在此述。

2. 石圹室工艺：

王淮墓内置筑砌工艺以红砂岩石条垒砌，呈东、西双室，相邻间设石墙抹白灰。其墓坐北偏东3度。两石室皆呈长方形高约2.1米，宽约3.2米，长3.5米，墓道、墓门（其砌法是：前置长条石为挡，四周设墙石，外侧填充物为料石与河卵石，后设三根方条石竖砌作叠涩门柱，柱上用一石条横砌作门楣；门楣正面上部外突门框，顶部凿有榫头、顶平。两室墓门外均前用石料封口内用厚0.2厘米铁板紧压顶堵，作用是防盗）、棺室（卷顶用五块方条石卷嵌砌，上粘压薄开砖单层错缝平砌，至上用三合土封顶券围，封土外墙须弥环形围墙用砖砌等，墓道前室封石门为挡壁，墓壁用五层长条石错缝垒砌，东西两室的分隔墙用相同条石砌法，地面铺设石板，前后壁角下设排水沟，外通接排水管，后壁墙角设壁龛）、墓墙缘外的地平面用条砖、薄砖铺饰内外套框即双顺横纹、席纹内饰方型图案，外框由平直薄砖竖式方纹为框，缘边外大面铺方框呈"人"字形铺砖，在临边二层错缝横铺与列排竖沿薄砖紧固台体缘角，典型宋式地饰形成图案美观，氛围庄重的台面。墓后山坡设挡墙（挡墙砖

图 4　南宋丞相王淮墓前石像生残雕件之一

石嵌砌上置覆筒瓦，墙与封土之间可供族人绕行祭道），墓地前呈多级拜台（墓前设长形祭台达十余米），祭亭。又前设长长墓道在两侧并按坡台逐步向下设立神道碑（其高昂头石龟趺为座顶着巨大的石碑）、有组对石像生（4 座文臣武将高约 2.2 米〈图 4〉）、残蹲虎（一只）、立马（二只长约 2.1 米）、卧羊（二只）等置放（时规制已零乱倒立）以及墓表（左右两根）、山门等已有损失。

　　1957 年因建长岭水库，浙江省文物管理委员会对王淮墓进行考古发掘，发现神道碑，出土了圹志、数枚钱币、棺丁等。1982 年全国第二次文物普查发现墓已无存，但墓前仍保存石翁仲（二件）、马（二只）残、羊（二只）、龟座残石等。

　　2019 年 12 月，金东区王氏"四世一品"宗亲会报告王淮墓前石雕刻石翁仲（一件）残呈三断、马（二只）残毁几断、龟趺残毁件及其他残损构件零乱于四周。2020 年 5 月 28 日，由金华市文保所、金东区王氏"四世一品"研究会共同协作将其残遗构件运至市文保所作保护、研究（在遗址处二家单位合作刻立"纪念碑"石）。

　　3. 提供婺城之北隆寿原有关地理信息：

　　王淮夫妇墓址位于隆寿原（宋代地名）即尖峰山下，觉报寺旁（今罗店长岭水库），堂侄王柏（儒学大家[34]，号"金华北山四先生"之一）在《长啸山游记》载："叩龟巢、历觉报，乃鲁国文定之茔也。方丈久虚，一卒住守。坟望尖峰，四周宽软，门前松径里余，丰碑道旁，规庑宏壮，路由葛（高）村而归"。即今罗店长岭村的长岭水库，其详细地名、村、寺等遗址历历在目。

4.提供了王淮后代的相关信息：

王淮八子二女人，八子：模、枢、机、朴、栋、樀、樗、杙，一女适状元姚颖等（前文所述不在说明），而墓志文中有"孙男女十四人"，在金东《赤松王氏宗谱》只有孙男十三人，孙女十一人等之别。即在《赤松王氏宗谱》述孙男十三人有俨：承奉郎，仪：承务郎，伦：承务郎，亿：将士郎，俌：承奉郎，修：承务郎，侑：承奉郎，仍：承奉郎，其佖、偃、俦、信、倓（未知职务）。孙女十一人：长孙女，适迪功郎程佖（〈1164—1242年〉，字怀古，徽州休宁人光宗绍熙四年〈1193年〉进士。累迁守礼部侍郎兼直学士院、同修国史。理宗宝庆元年〈1225年〉除试礼部尚书。二年，除翰林学士知制诰兼修玉牒官。封新安郡侯，加宝文阁学士、知福州兼福建安抚使。再奉祠，又加龙图阁学士。以端明殿学士致仕，赠特进、少师。有《洺水集》六十卷，《宋史》卷四二二有传。佖之妻为丞相王淮长孙女也（弥远与佖同入禁中草矫诏，一夕为制诰二十有五。杨皇后缄金一囊赐佖，佖受之不辞）。次适将士郎姚元，持次适姚元，哲次适从事郎赵汝鎀，次适将士郎嗣廷，余末行。

按《凤林金华赤松王氏宗谱》排序至民国间止其王氏房头排列单线世系："十一世：侑、佖、亿等。十二世至十六世（略），十七世：嘉

祥，十八世：明成，十九世：赵燉，廿世：世虎，廿一世：永麟，廿二世：仕道，廿三世：三彩，廿四世：天星，廿五世：鼎盛，廿六世：仕贵，廿七世：成发，廿八世：高有，廿九世：可启，三十世：双喜，三十一世：翠钟，三十二世：坤南……"1916年止王宅村系（金东区王氏"四世一品"文化研究会提供史料，同时得到赤松王氏宗亲会王敏高、王文奇两同志的支持及协助工作）。

5.县境有关地理信息：

婺城之北6千米其地曰隆寿原，现金华城北约6千米尖峰山脚南麓、浙师大西北侧的黄土丘陵山坡，即长岭水库西北侧觉报寺旁，虽隆寿原之山名及觉报寺不存，但相关地名尤在。

6.提供墓志书写者的信息：

"正奉大夫充敷文阁待制、提举江州太平兴国宫程叔达"："以文之士"程叔达（1120—1197年）字元诚，徽州黟县人。绍兴十二年（1142年）进士，任兴国军光化教授。政论上主张厉兵秣马，强国抗金。孝宗乾道二年（1166年），除右正言。丁母忧，八年，起为江南西路转运副使，改江南东路（《景定建康志》卷二六）。淳熙元年（1174年），除宗正少卿，累迁中书舍人、权给事中。四年，丁父忧。服除，授湖南转运副使。九年，再除浙西提点刑狱，知隆兴府。十四年，奉祠。宁宗庆元三年卒，享年78，历官中书舍人给事中、集英殿修撰、显谟阁待制、华文阁直学士、宣奉大夫，封新安郡侯，卒谥"庄节"。精经史子集、阴阳八卦，擅于隶、行、草工于楷体书法。著有多部《玉堂制草》9卷，《台省论谏存稿》10卷，《承华故实诗笺》，《诗歌》6卷，《杂文》11卷等（摘《景定建康志》卷二六，《宋

会要辑稿》礼五八之一09，《新安志》卷八杨万里《程公叔达墓志铭》），《弘治徽州府志》卷八《人物》：程叔达字元诚，黟人。显学迈之侄孙（《宋史》卷一百五十七。胡可先《两宋徽籍诗人考》.《徽学·2000年卷》安徽大学出版社2001年版），墓志内容清晰，人物明了，文言可泣，书法严谨、朴实。

四、综 述

金华王氏一族历宋至今蔚为"金东望族""江南第一家"，子孙绵延不绝，人才济济，辈代有名臣而出。我们不仅从碑铭及文献信息的角度中可审视出其一代名贤的"儒学"本色；如何成才，如何在地方、在疆场、在朝中为民为政有所作为、流芳百世，其积极意义构建了当地重要文化要素，促进历史名人对"现代"史学研究成果的互补性。在《之江新语》中有这样写道："政声人去后，民意闲谈中。"意在告诫为官一任，造福一方，只有为民谋事、造福于民，才能去任后在群众中留下好口碑。南宋金华（金东）籍王淮就是这样一位身处于诗书礼孝之家；在家持仁礼孝敬于父冊，关心兄弟至戚及子女成长；在执掌"父母官"治理一方的时候，勤政爱民，敢作敢为，为乡民所拥护；在居政丞相中他举荐贤才，刚正不阿，廉洁律任，孝泽后世……留下名垂青史般的成就，他的传奇故事为后代所传颂、景仰。通过王淮墓志铭文的考证反映了在其南宋时所经历的社会动荡与严峻的时事复杂性也包含了文化、人文的史料，也丰富了研究王氏家族及世系线索的文化传承，对进一步考证金华（金东）王氏一族具有积极意义。

金东王宅村"四世一品"研究会捐献南宋丞相王淮圹前石刻纪念碑

注 释

1 《文物参考资料》1957 年第 5 期，浙江省文物管理委员会对王淮墓进行发掘。

2 圹志形制以长方形居多（或上端两角斜杀或圆首，作碑形），正方形、扁方形者少。边长多以 50—90 厘米为常见，高 120 厘米以上者，亦有所见。圹志的规格，与墓主人身份亦无必然联系，而与墓主的财富状况及孝子的态度关系相对更密切。北宋后期，随葬的"墓志铭"，尚多"古意"，凡配有志盖的，盖顶必有"篆盖"，一律作正方形。南宋的墓志铭，配备志盖者日益罕见，与此相适应，正方形的墓志日少，原先的"篆盖"多改为更便捷的"篆额"形式。

3 宋朝官员品级：诸太师政、太傅、太保、少师、少傅、少保、王为正一品。（全为加官，不是常职。南宋末年的左右丞相，也为正一品）。诸枢密使，开府仪同三司，特进，太子太师、太傅、太保，嗣王、郡王、国公，为从一品。淮任左丞相，官居一品。孝宗皇帝赠封曾祖父王本为太师鲁国公，祖父王登为知县太师魏国公，父王师德为太师楚国公，封与王淮公均为一品，所以金华世誉王氏祖"四世一品"。

4 葛胜仲著：《丹阳集》·《承议郎王公墓志铭》。

5 按宋制，官制繁杂，以出身（科考获得功名）与无出身其间有很大的不同，其体在升迁上，按资历在一定（年份）升迁时，称磨勘，承务郎以上，"四年一转，有出身超资转，无出身逐资转，到奉议并，逐资转"。也就是说，有功名的，在奉议郎（正八品）以下时，可以越级升迁，没有功名的，必须一级一级地升迁，这就缩短了有出身的担任低级官员的时间。

6 清《婺志粹》卷二·政绩志，71 页。

7 （元）脱脱等著：《宋史·王淮传》，中华书局，1997 年，12071-12072 页。

8 《宋史全文》卷二六（下），黑龙江人民出版社，2004 年点校本，1822 页。

9 北京大学古文献研究所编：《全宋诗》卷 38，北京大学出版社，1998 年。

10 宋代的职官是差遣制，虽然，一定的官阶可以做相应职位的官，寄禄官与职事官两者是有联系，但实际差遣时，弹性比较大，低阶高任的屡见不鲜，职事官前用"行、守、试"来加以区别。地方官，由京官担任，前面加"差"字。授职事官，前面加"除"，是除去原来担任的旧官，担任新的职官，连续地变动职务。兼职，在前面加"兼"字，如，兼资善堂赞读、兼侍读等。前面加"权"的，宋制规定，侍郎、尚书初次任职，必须要有试用期，在前面加"权"字，试用期满，就去掉了权字。

11 （元）脱脱等著：《宋史》，中华书局，2004 年。徐目明著·王瑞来校补《宋宰辅编年录》，中华书局，1986 年。

12 （元）脱脱著，毛佩琦、张传玺编《白话精华二十四史·宋史卷三十五孝宗（三）》，现代教育出版社，2011 年。

13 魏王赵恺（1146-1180 年），宋孝宗次子，作为王室成员其生活的是宋金交恶时期金兵南下掠夺，心系黎民精心吏治，绍兴三年（1133 年）宣州、太平州一带的圩田坍废，田园荒芜，佃户外流。赵恺到任后，非常重视圩田的修复。至孝宗乾道九年（1173 年），宣州修复了化成、惠民二圩旧堤，长 40 余里，新增筑 9 里有余。淳熙元年（1174 年）孝宗时封为庆王遂加恺雄武、保宁军节度使，乾道七年二月，进封魏王，淳熙七年（1180 年）赵恺卒于明州任上，宋孝宗素服发哀于别殿，赠淮南武宁军节度使、扬州牧兼徐州牧，谥"惠宁"《建炎以来朝野杂记》卷一《魏惠宪王》·李心传著·中华书局 2000 年，《宋史》卷 246《魏王恺传》。

14 （民国）胡宗懋辑：《续金华丛书》，1924 年刻本。

15 （元）脱脱等著：《二十四史：宋史卷三十五孝宗》，中华书局，1997 年。

16 墓志中有爵位的详细记载，爵位也是官制之一，宋代的爵位共有王、嗣王、郡王、国公、郡公、开国公、开国郡公、开国县公、开国侯、开国伯、开国子、开国男十二等，一般外姓不封王，爵位是皇亲世袭，或随着官阶的提高而封赏，体现政治地位，荣誉为主，如食邑，虽然封了三百户、六百户，但这只是个虚名，并不能支俸，只有食实封，才能折算成钱文，随月俸支取，要有实封，食邑得在一千五百户以上。才有了随月俸支取的实封。

17 《光绪金华县志·政事》。《四部丛刊·初编》影印宋钞本《诚斋集》卷 113《淳熙荐士录》。

19 《宋史·儒林传·杨万里传》，《中国大百科全书·中国文学卷》。又《宋史·杨万里传》……杨万里被授予临安府教授，他还没有赴任，便遭遇父亲丧事。后改任隆兴府奉新县知县，他不准催讨赋税的官吏下乡扰民，老百姓有逃避赋税的只把他的名字张贴在集市中，老百姓都高兴地前往官府缴税。不扰民赋税就交清了，县里因而大治。时值陈俊卿、虞允文做宰相，两人交相推荐杨万里，杨万里被征召为国子博士。翰林侍讲学士张栻因论说唐朝宰相张说被谪守袁州，杨万里上疏进言，要求留张栻在朝，又写信给宰相虞允文，用和同之说加以劝说，张栻虽然没有留住，但大家公认杨万里人格高尚。

太子东宫缺少讲官，皇帝亲自提拔杨万里为侍读。东宫幕僚都以得到一个正直的人相庆贺。有一天太子读《陆宣公奏议》等书，杨万里都根据书中的事实对太子规劝和告诫，太子深深敬重他。这时王淮做宰相，有一天王淮问他说："宰相最先办的应是什么事情？"杨万里回答说"人才"。王淮又问："哪些人是人才呢？"杨万里就写上朱熹、袁枢以下六十人献上，王淮依次提拔任用他们。杨万里精于诗歌，著有《易传》流行于世。光宗曾为他写"诚斋"二字，学者称他为"诚斋先生"，死后赐谥"文节"。

20 浙江省社科研究所编：《浙江人物简志》浙江人民出版社，1981年。

21 元脱脱等著：《宋史·礼志12》卷109 中华书局，2004年版，2630页。李心传著，徐规点校《建炎以来朝野杂记》中华书局，2000年，乙集卷四"高庙配享议条"，566页。

22 宋孝宗赵伯琮（1127-1194年）太祖七世孙，父秀王赵子偁，母张氏。稍长命名伯琮。高宗嗣子，1127年10月22日生于秀州（治所在今浙江嘉兴县）青杉闸之官舍。初封普安郡王。后立为皇子，绍兴三十二年（1160年）2月立为皇子，更名玮。绍兴三十四年（1162年）5月立为皇太子。6月即帝位。初起用张浚，力主抗金，收复中原。隆兴元年（1163年），宋军北伐败于符离，与金订"隆兴

和议"。用虞允文等抗金，积极备战，终无成就。淳熙十六年（1189年）传位给儿子赵惇（光宗）在位二十八年。当年2月禅位为太上皇（在位28年），1194年6月卒（终68岁）。11月葬于永阜陵（在今浙江绍兴市东南18千米之宝山），谥曰哲文神武成孝皇帝，庙号孝宗。1278年其陵被元江南释教总统杨琏真加掘之，后被人收其遗骨葬于兰亭山（在今绍兴市西南）南。录《宋史·本纪·孝宗一》《本纪·孝宗二》《本纪·孝宗三》。

皇后郭氏，开封祥符人，其六世祖为真宗皇后郭氏外家，父郭瑊。孝宗为普安郡王时纳郭氏，封咸宁郡夫人。生光宗及庄文太子、魏惠宪王恺、邵悼肃王恪。1156年卒31岁，追封淑国夫人。孝宗立为太子时又追封其为太子妃。1162年8月追册为皇后，9月谥曰恭怀，10月改谥曰安穆。1194年10月改谥曰成穆。

皇后夏氏，袁州宜春人。夏氏初入宫，为高宗皇后吴氏的阁中侍御。普安郡王夫人郭氏薨，太后以夏氏赐，封齐安郡夫人。孝宗即位封为贤妃，1163年10月立为皇后。1165年6月卒。谥曰安恭。1194年10月改谥曰成恭。

皇后谢氏，丹阳人。选入宫。高宗皇后吴氏以赐普安郡王，封咸安郡夫人。孝宗即位封为婉容，第二年封为贵妃，1176年8月立为皇后。1189年2月尊为太上皇后。1194年6月尊为皇太后。1202年尊为太皇太后。1203年卒，8月谥曰成肃，9月葬于永阜陵录《宋史·列传·后妃下》。

宋孝宗皇后郭氏共生四子：庄文太子赵愭，封邓王；次子魏惠宪王赵恺，封庆王；三子赵惇，开始封为恭王，也就是后来的宋光宗；宋光宗赵惇（1147－1200年）。受孝宗内禅而继位。在位5年，又退位，后病死，终年54岁，葬于永崇陵（今浙江省绍兴县东南35里处宝山）。光宗长期

生活于深宫，不达世务。即位时，他年43岁，却头发已白。臣下献上一种能使准确性转黑的药（何首乌），他不服用，说："我头发已白，可教天下人知道我是老成的。"即位后，光宗为李皇后所左右，罢免周必大、辛弃疾等主战派大臣，起用留正为宰相。录《宋史·卷二百四十六·列传第五·宗室三》等。

23 飞龙：《易·乾》"飞龙在天，利见大人"。孔颖达疏："若圣人有龙德，飞腾而居天位"。以"龙飞"为帝王的兴起或即位《文选·张衡·东京赋》："我世祖忿之，乃龙飞白水，凤翔参墟。"薛综注："龙飞凤翔，以喻圣人之兴也。"唐刘知几《史通·叙事》："邦国初基，皆云草昧；帝王兆迹，必号龙飞。"

24 开府仪同三司：意思是设置的府邸和进出仪式都跟三司一样。古人根据级别不同，设置的府第形制、规模也不一样，即使有钱，也不能盖更大的府第，否则就是违制，而违制是谋反的前兆，是很重的罪。同样出门的仪式也有严格的制度，鸣锣开道，旗、牌、伞、扇都有严格的等级制度。所以，开府仪同三司尽管不是具体的职务，但不仅仅是个荣誉，也是社会地位的肯定。《宋史·职官志八》："诸枢密使，开府仪同三司，特进，太子太师、太傅、太保、嗣王、郡王、国公，为从一品"。开府，古代指高级官员（如三公、大将军、将军等）建立府署并自选僚属之意，宋代称盐铁、户部、度支为三司，统管国家财政，后废。宋开府仪同三司是一品文散官。"仪同三司"是说仪仗同于三司。三司指太尉、司空、司徒，亦称三公。宋制，祖宗时以节度使兼中书令，或侍中，或中书门下平章事，皆谓之使相，以待勋贤故老及宰相久次罢政者《三朝国史·职官志》。

25 宋代官制，文官从最低的从九品承务郎，到最高的从一品开府仪同三司（文官无正一品），不管你做官有多早，也不管你寿命有多长，如果没有特别的擢升，光靠年资升迁，那是无论如何也升不到正三品的。《南会要辑稿》清徐松著，中华书局 1957 年。

26 （明）王世贞撰《宋史·王淮传》卷 369 有传，《弇州山人稿》宋名贤墨帖有《王淮答子》《上恩帖》。

27 《南宋名相王淮》金东区王氏"四世一品"文化研究会编，及王氏文脉研究者王敏高、王文奇的协助。

28 姚颖在宁波有多处为纪念的地名（佳品），状元巷、状元坊、状元楼，及状元红（酒）、状元糕、状元装及状元歌谣等在海内外广为流传。姚氏七世姚颖起，姚家浦就兴旺发达，姚家浦村有一庙四堂一旗四杆之称，即三圣庙、一本堂、惇叙堂、德尊堂、拜经堂和黑底黄龙的族旗及祠堂门前的二柱旗杆与状元坊墙门前的二柱旗杆。如一世的贡元姚子雅、二世兵部员外郎姚世仁、三世户部侍郎姚允让、四世进士姚希、五世扬州判官姚公式、六世名臣姚伯伦、七世状元姚颖、八世进士姚元股、姚元哲、九世进士姚梦荐、十世太守姚守鸢等等。如单以姚颖一族就有进士名臣十多位，南宋周必大也曾经写过《回姚状元颖启》、《回第二人叶状元适启》两封信。据考证，叶适为淳熙五年（1178 年）戊戌科第二名，第一名是姚颖。明嘉靖《宁波府志》、明《鄞县志》及清乾隆《浙江通志》之"选举"、"列传"等卷。浙江诸志皆记有：颖之子"有二，曰元特，曰元哲。皆修谨好学。""元特，字善长，袭荫为饶州安仁县主簿。元哲，

绍定二年（1229 年）己丑黄朴榜进士，初授福建连江县主簿，嘉熙间迁汀州知州事。"

29 明万历《金华府志·人物》。

30 李晓旭：《一代儒相刚正不阿——南宋王淮》，《文学评论》2014 年 7 期，133 页。

31 王枢：淮的次子、朝散大夫、新权发遣岳州军州事（权发遣的解释：宋的一种官制。清袁枚《随园随笔·官职中》："宋法判知之外，又有云'权发遣'者，则因其资轻而骤进，故于其结衔称'权发遣'以示分别。王安石也任此官"）《宋元学案第三十四卷之武夷学案》（黄宗羲原本、黄百家纂辑、全祖望修订），疑任提举市舶司是否到位等。

32 金东《赤松王氏宗谱》民国版。《王淮墓志考·金华日报社》许建楠文 2019 年。参阅资料《南宋名相王淮》以及金东区王氏"四世一品"文化研究会王文奇、王敏高等同志热情给予了帮助，为此一并表示感谢。

33 浙江省文物考古研究所编《浙江宋墓》，科学出版社，2009 年。钱钟书先生在《谈艺录》中总结杨万里独特的写景特征时指出："放翁善写景，而诚斋善写生。放翁如图画之工笔；诚斋则如摄影之快镜，兔起鹘落，鸢飞鱼跃，稍纵即逝而及其未逝，转瞬即改而当其未改，眼明手捷，踪矢蹑风，此诚斋之所独也"。

34 朱人杰等主编：《朱子全书》（第二十一册），上海古籍出版社，2004 年，1425 页。

备注：根据金华市社会科学联合会文件金社字（2020）9 号，关于公布 2020 年度市社科联立项课题的通知精神，其"金华南宋丞相《王淮墓志铭》考"列入课题名单，课题编号为 YB2020012 论文项目。

1. 婺州两宋进士：题名约 556 人。其中金华县 106 人，兰溪县 46 人，东阳县 132 人。义乌县 94 人，永康县 105 人，武义县 38 人，浦江县 36 人（源于雍正《浙江通志》）。另《万历金华府志》统计：北宋 68 人南宋 474 人分科无考 42 人总人数 584 人（其中金华 108 人兰溪 53 人东阳 134 人义乌 96 人永康 117 人武义 41 人浦江 35 人）。"自古有文武两学，宗学、京学，县学（按，均属官学）之外，其余乡校，家塾、舍馆、书会，每一里巷，须一、二所，弦诵之声，往往相同（孟宪承著：《中国古代教育资料》，人民教育出版社，1961 年，203 页）"。

2. 《万历金华府志》《金华先民传》《金华先贤传》《续金华丛书》。

3. 范文澜著：《中国通史》第 3 册，4 页。

4. 郑嘉励、梁晓华著：《丽水宋元墓志集录》，浙江古籍出版社，2012 年。

5. 《宋诗选注》，人民文学出版社，1982 年。

6. 王柏著：《鲁斋王文宪公文集》胡宗懋辑《续金华丛书》民国十三年刻二十卷。

7. （元）脱脱撰：《宋史·吕祖谦传》，中华书局，1995 年，12874 页。

8. 《杨万里诗话》《宋诗话全编》，江苏古籍出版社，1998 年，5935 页。

9. 王大良著：《中国古代家族与国家形态》，175、176 页。

10. 王宏理著：《志墓金石源流》，中国文史出版社，2002 年，404 页。

11. 朱人杰等主编：《朱子全书》（第二十一册），上海古籍出版社，2004 年，1425 页。

12. 衢州市博物馆主编：《衢州墓志碑刻集录》，浙江人民美术出版社，2006 年，31 页。

13. 黄灵庚等主编：《吕祖谦全集》（第一册），浙江古籍出版社，2008 年。

14. 杨思好著：《苍南金石志》，浙江古籍出版社，2010 年。

15. 郑刚中著：《北山集》，潘良贵著：《默成文集》。

16. 宗泽著：《宋东京留守宗简公文集》《宋集珍本丛刊》第三十册，明崇祯刻本四卷。

17. 《宋集珍本丛刊》第五十六册，清乾隆翰林院钞本，十六卷。

18. 倪朴著：《倪石陵书》《宋集珍本丛刊》第五十九册，傅增湘校订宜秋馆刻本一卷。

19. 唐仲友著：《悦斋先生文钞》《金华唐氏遗书》十卷。

20. 吕祖谦著：《东莱吕太史文集》《宋集珍本丛刊》第六十二册，宋刻元明递修本十五卷。

21. 陈亮著：《龙川先生文集》《宋集珍本丛刊》第六十五册，清同治刻本，三十卷。

22. 葛洪著：《涉史随笔》，（清）鲍廷博《知不足斋丛书》第一集，乾隆四十年据旧抄本刻，一卷（葛洪著有《蟠室老人文集》二十二卷，现今仅存第十四、十五两卷 1956 年由张士达先生重新装裱。

23. 徐桥著：《毅斋诗集别录》，《宋集珍本丛刊》第七十册，明正德刻本，一卷。

24. 胡凤丹辑：《金华丛书》（清）同治退补斋本十卷。

25. 胡宗懋辑：《续金华丛书》（民国）民国十三年刻本。

26. 魏惠宪王赵恺（1146—1180 年）孝宗次子。魏惠宪王讳恺，庄文同母弟也。初补右内率府副率，转右监门卫大将军、贵州团练使。孝宗受禅，拜雄武军节度使、开府仪同三司，封庆王。庄文太子薨，恺次当立，帝意未决。既而以恭王英武类己，竟立之。加恺雄武、保宁军节度使，进封魏王，判宁国府。妻华国夫人韦氏，特封韩、魏两国夫人，以示优礼。赐黄金三千两、白金一万两，命宰设祖于玉津园，王登车，顾谓虞允文曰："更望相公保全"。比至镇，奏明天申节，许之。府长史上言，欲与司马分治郡，俾王受成。恺曰："臣被命判府，今专委长史、司马，是处臣无用之地。况一郡置三判府，臣恐吏民纷竞不一，徒见其扰。长史、司马宜主钱谷、讼牒，俾拟呈臣依而判之，庶上下安，事益易治"。又请增士人贡额。朝廷悉从之。恺究心民事，筑圩田之隤圮者，帝手诏嘉劳之。淳熙元年（1174 年），徙判明州。辍属邑田租以赡学。得两歧麦，图以献，帝复赐手诏曰："汝劝课艺植，农不游惰，宜获瑞麦之应"。加恺荆南、集庆军节度使，行江陵尹，寻改永兴、成德军节度使、扬州牧。七年（1180 年），薨于明州，年三十五。帝素服发哀于别殿，赠淮南武宁军节度使、扬州牧兼徐州牧，谥惠宁。王性宽慈，上皇雅爱之。虽以宗社大计出王于外，然心每念之，赐赉不绝。讣闻，帝滋然曰："向所以越次建储者，正为此子福气差薄耳！"治二郡有仁声，薨之日，四明父老乞建祠立碑，以纪遗爱。子二人。撼早卒。赵晁，恺子。昭庆军节度使、吴兴郡王，赠沂王，谥靖惠。

27. 《悦斋文粹·台州入奏》见清张作楠《补唐仲友补传》转引。

28. 《宋元学案》（第二册）第 1652—1653 页。《宋史》卷三九六《王淮传》，12072 页。

29. 《两朝纲目备要》卷一〇补。

30. 《悦斋文粹·诗发题》，引文见清张作楠《补唐仲友补传》转引。

31. 王祎著：《王忠文公集》《送胡先生序》退补斋《金华丛书》本。

32. 明《四明志》、明《慈溪县志》、《宁波府志》、咸丰《四明志》、清《浙江通志》（乾隆版、同治版）、清《鄞县志》（民国铅印版）。

33. 陈骙著：《南宋馆阁续录》，中华书局，1998 年。

34. 蒋金治、朱佩丽著：《金华古城文化考略》，中国文联出版社，2015 年。

35. 王文奇：《凤林金华赤松王氏考》，2019 年。

二　民间藏家瓷器图录

本篇所选部分金东民间藏家藏品均以婺州窑系瓷器及周边区域受其
影响的产品为主，供研究及收藏爱好者共鉴。

战国釉瓷豆

战国米字纹陶罐

战国方格纹陶罐

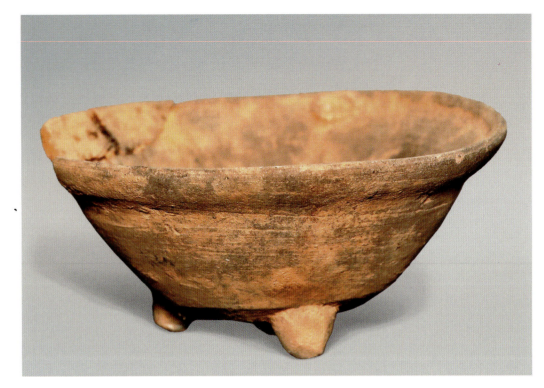

汉三足鼎

婺州窑青瓷灶台

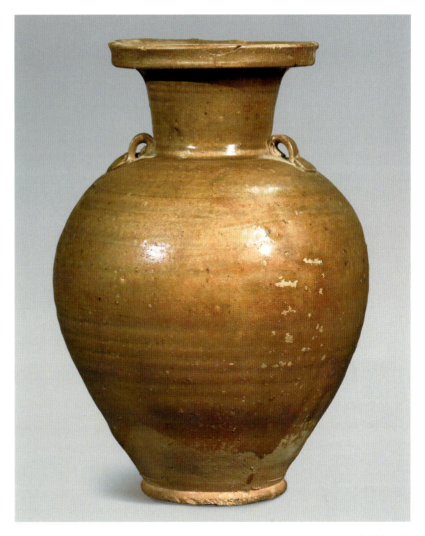

东晋盘口壶

东晋青瓷猪圈

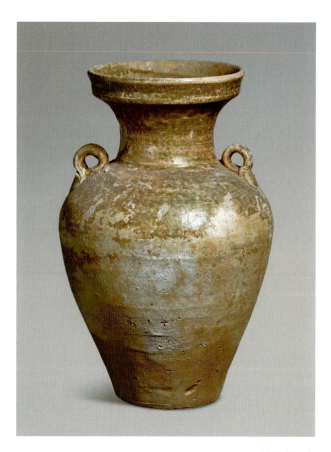

隋唐盘口壶

唐褐釉罐

青瓷盖罐

宋褐釉瓶

青瓷大碗

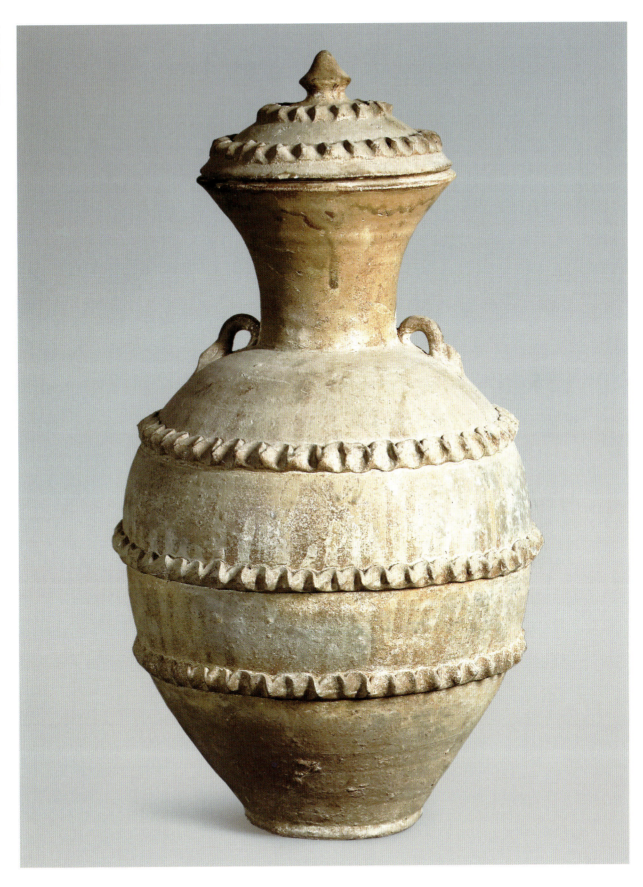

波纹将军罐

婺州窑青瓷碗二件

婺州窑魂瓶

四系波纹对瓶

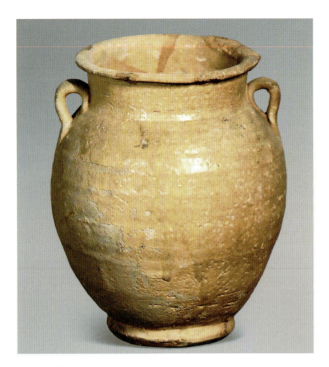

宋双耳罐

青瓷三层波纹仓

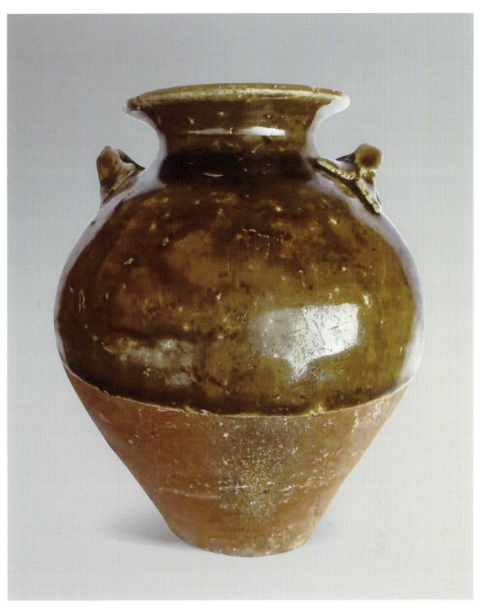

褐黄釉双耳瓷瓶

宋褐釉瓶

宋多角瓶

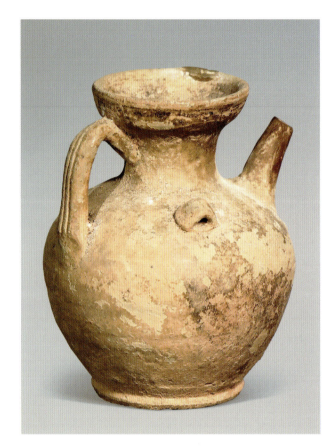

宋褐釉盖罐   宋执壶

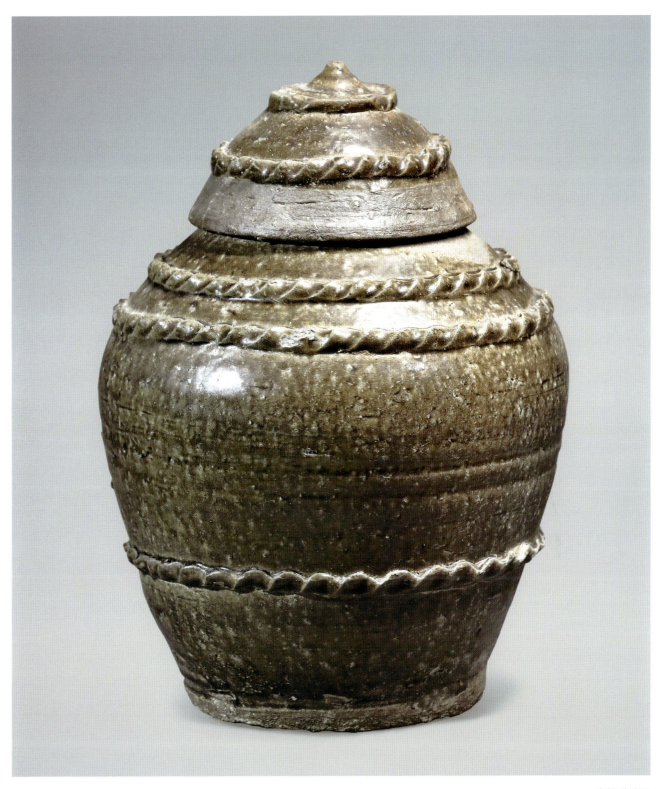

宋褐釉魂瓶

宋碗

镶边沿碗

花式大碗

元茶碗

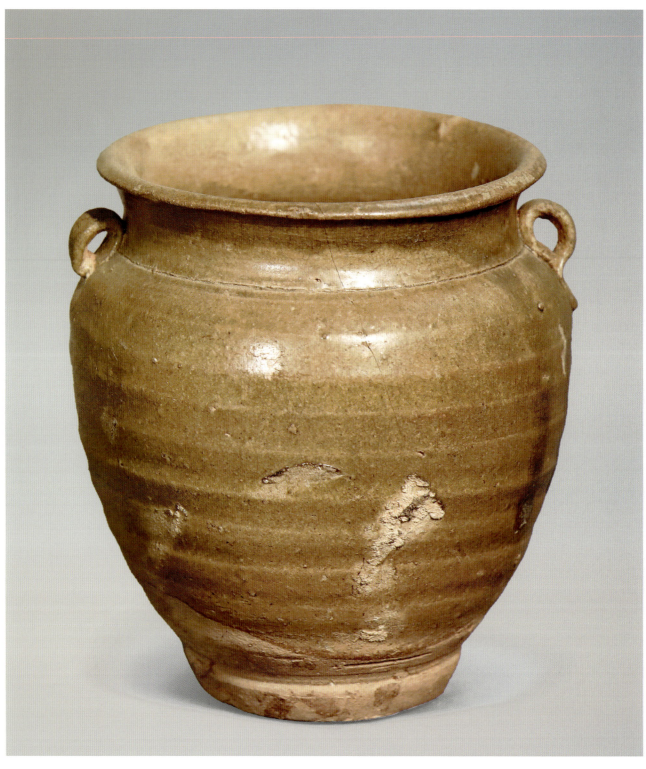

宋双耳釉罐

元白釉罐

双耳小瓶

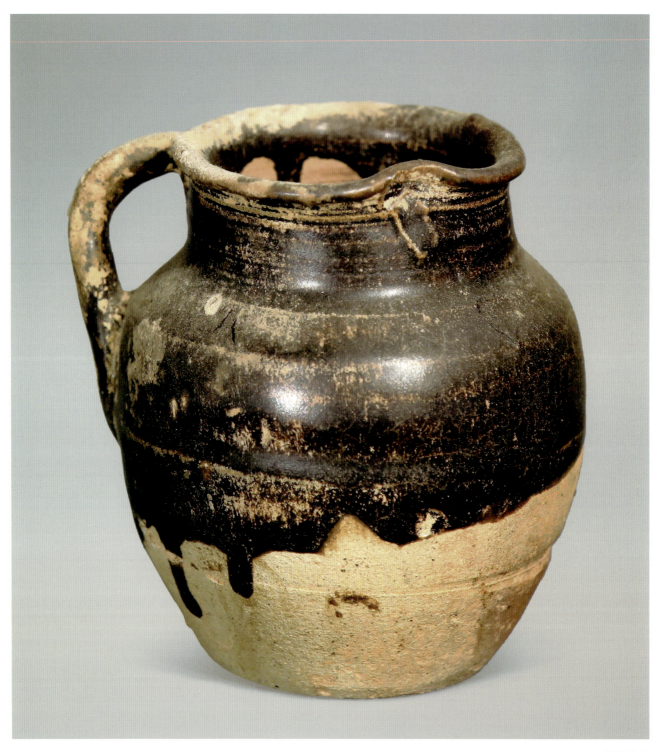

元褐釉执壶

乳浊釉碗

元白瓷碗

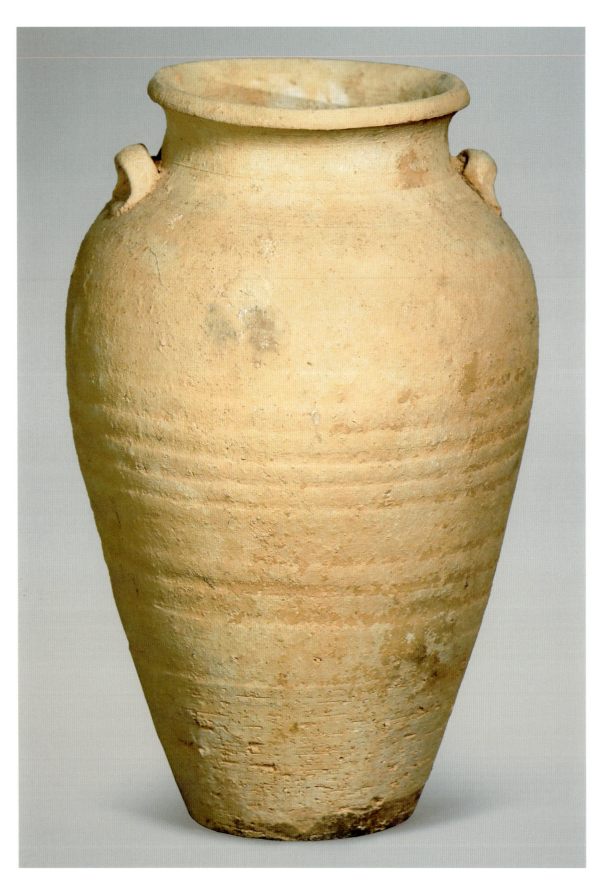

元斗笠碗

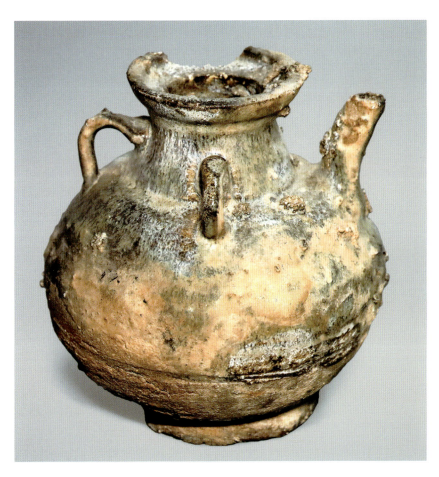

乳浊釉执壶

明瓷碗

明瓷盖罐

明水盂

明瓷砚

明积道山僧棺

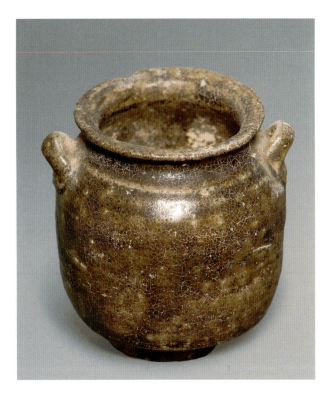

明褐釉双耳小罐

清瓷窑具

明青瓷碗

明代四系陶罐

青花灯盏

民国时期书画家蒋莲僧先生在贫民习艺所绘制的彩画盘

青花瓷盘

三 文物捐献篇

本篇选录近年来金东区文物部门向社会征集及群众捐献文物的情况。

2020 年曹宅镇杨高畈村捐献民间收藏品

捐献品：1.玉片，2.玉佩，3.玉片，4.玉片，5.玉扣

2020 年赤松镇王宅村村民捐献文物:
上:捐献现场,下:宋代铜镜

上：2010 年在东关征集的出土文物

下：东孝街道下于村一村民发现文物并积极捐献

四　后　记

"史者，所以明夫治天下之道也。"

党的十八大以来，习近平总书记反复强调，要尊崇历史、研究历史、确立历史思维，传承中华优秀传统文化。要积极推进文物保护利用和文化遗产保护传承，挖掘文物和文化遗产的多重价值，传播更多承载中华文化、中国精神的价值符号和文化产品。

遵循着这一指导方针，笔者从考古人的视角出发，深入挖掘了金华市金东区文物和文化遗产的多重价值，完成了这一部《金华市金东区考古文物精品图文集》的编纂工作。这是一座能够带领读者走进金东历史的"书本博物馆"，以金东大地的文物珍品为载体，讲述了数千年"金东故事""金华子城"前世今生，领略宋韵文化重镇的独特魅力。

《金华市金东区考古文物精品图文集》编列收录 20 世纪六七十年代以来，金东区"出土文物与考古新发现"藏品和"金东文化基因解码工程"论文，经编著者和出版社方面的努力，由文物出版社正式出版发行。

值此，笔者再次对参与本书的工作人员在策划、资料整理、校对、摄影、绘图、拓片、篆刻等方面的热情工作，以及相关专业人士对本书编纂的支持帮助，表示万分感谢。

编著者

2022 年 12 月